WORLD
SHOP
STYLE.com
ワールド ショップ スタイル
ドットコム

CONTENTS

RESTAURANT

4	CINCO JOTAS
8	NANDO'S
12	MASSIMO
16	PALMILLA
20	Quilon
22	STARBUCKS AMSTERDAM
25	TICKETS
28	ASPERS
31	FABBRICA BERGEN
34	PURA BRASA
36	MANDARIN ORIENTAL BARCELONA
38	HET BOSCH
40	GENES@CO-OP CAFÉ
42	CIEL DE PARIS
45	ABRASSAME
48	ARENAS DE BARCELONA
52	CUPOLA
54	FASTIVINIC
56	CASA CHELIS
58	CERVESERIA MORITZ
60	YO! SUSHI
62	EL JAPONESE@22
64	IKI
67	WATATSUMI
70	YOJISAN
72	YOOBI-SUSHI
74	LA PASTISSERIA
76	SNOG CHELSEA
78	NOORDERPARKBAR
80	LES GRANDES TABLES
82	LOS SOPRANO

HOTEL

86	NHOW BERLIN
92	SCANDIC VICTORIA TOWER HOTEL
97	ALOFT LONDON EXCEL
100	CITIZENM LONDON
103	ME BARCELONA
106	HOTEL AMERICANO
109	THE MIRROR
112	W HOTEL LONDON

ELEMENT

118	COUNTER DESIGN
120	LIGHTING FIXTURE
122	TABLE SETTING
123	WALL DESIGN

124　AFTERWORD ── あとがき

R

【RESTAURANT】

レストラン

4 CINCO JOTAS, *spain*

タパス料理に欠かせない生ハム大手メーカーCINCO JOTAS社の直営レストランが闘牛場を改装したショッピングセンターArenas de Barcelona（48ページ参照）の最上階にオープニングと同時に出店している。テラス席も含めて200席、600㎡からなる店内は、めまぐるしく変化している現代の情報化社会を象徴するかのように、多くのインテリア要素を取り込み、カジュアルで情熱的な飲食空間にまとめられている。シラフの時にはちょっと騒々しくも思われがちだが、ちょっと入れば刺激的なエネルギーとなるような感じであろう。

ラウンジの壁面全体はカラフルなウォールペーパーデザインをモザイク状にし、グラフィック感覚でダイナミックな一枚のアート作品のように仕上がっている。反対側のダイニングには同材を使用した横長の額縁が飾られている。熟視してみると、クリスタルをカットしたかのような凸面設計の、彫刻的に仕上げた壁面と合わさって、独特なビジュアルインテリアを披露している。また束ねられた赤いコードが壁面から突出し、ダイニングテーブル上のペンダントライトとさりげなくジョイントしているデザインは、インテリアのアクセントとして見逃せないシーンと言えよう。

グラフィックのウォールペーパーでダイナミックで情熱的な壁面を形成

左頁上／メーンダイニング　左頁下／木を組んでソフトな感じに配置したパーティション　上／ソリッドウッドのバーチェアとカウンター　下左／自社のロゴ入りのコップや皿をショーケースに入れてディスプレイ　下右／丸ごとカットした木をテーブルに使用

CINCO JOTAS

Address : Centro Comercial las Arenas, Gran Via de les Corts Catalanes 373-375 Barcelona 08015 Spain
Phone : 93 423 77 52
Design : Ignacio Aleggria
Opening date : December 2011
Seating Capacity : 200
Area : 600 ㎡

NANDO'S, *united kingdom*

南アフリカに本社を置くカジュアルダイニンググループのNANDO'Sは、ポルトガル風のチキンをメインメニューにして、5大陸35カ国に進出、英国内では現在260のレストランを運営する巨大企業である。このレストランはオリンピック競技場に隣接するヨーロッパ1の規模を持つWestfield Stratford SC.の3階に位置する。これまで100カ所以上の同レストランの設計を手掛けた実績があるHarrisonが、ケープタウンのSpier Arts Academyのアーティストたちの協力を得て、独特なデコレーションを披露している。

7mほどの流れるようなバーカウンターのトップにはオーク材を、腰には渋く光を反射するコッパーを使用、モザイクタイルのフロアとのコンビネーションはエレガントで絶妙。この作品で2012年のタイルアソシエーション賞を獲得している。天井の中央は10mほどあるハシバミの枝を使用した編み垣のパネルがあり、ボトルの栓や雑誌をカットしてコイル状に巻いたアートでデコレーションした巨大な円柱（コロン）で支えている格好だ。コンクリートの円形のフレームに赤い革張りのブース、天井から吊るされたトランペット形状のランプや、ガラスのペンダントランプなど店内ではアート作品に加え、多くのデザインとカラーが使われているものの、全体的にはソフトでクオリティーの高い空間が構築されている。

入り口からカウンター方向を見る

ボトルの栓でデコレーションしたコロン

上／ハイバックの座席とアフリカンアートの絶妙なコンビネーション　下／ショッピングセンターの通路から見るレストラン

NANDO'S

Address : Westfield Stratford City, Stratford,
 London E20 1ET United Kingdom
Phone : 020 8519 4459
Design : Harrison Architects
Opening date : September 2011
Seating Capacity : 260

上／天井を覆っているハシバミ材の編み垣を支えるコロン　中／コーラなどのボトルトップ（ボトルの栓）をコロン（支柱）のデコレーションに使用　下／モザイクタイルの床と、オークとコッパーのバーカウンターの素材コンビネーションが優雅さを演出

12 MASSIMO, *united kingdom*

ローマのシーフードレストランLa Rosettaのカリスマ的オーナーシェフMassimo Riccioliのロンドン店は、トラッファルガー広場からテームズ川に向かって、ノーサンバーランド・アベニューを歩いて2〜3分で行ける、コリンティアホテル（5ツ星）内にある。
これまで数多くのクラシックモダンのホテルやレストランのインテリアを手掛けてきたDavid Collinsがデザインを担当。高いアーチ天井下の8本のモノトーンのコリント式の支柱を中心に、イギリスとイタリアの伝統スタイルをミックスした、優雅で落ち着いた雰囲気の食空間にまとめている。エントランス左側のオイスターバーは天板がマーブルで、背後に大きなミラーを配してエビなどの食材をアピールし、ビジュアル効果を倍加している壁面デコレーションは豪華さを感じさせる。レストラン中央のランプがスパークリングしているような、スチームパンク風のシャンデリアは存在感があり、窓辺のルネット、モザイクの床なども繊細丁寧に仕上げた感じだ。オイスターバーの裏側には18席のプライベートダイニングもある（開店後一年経過した2012年の4月に、シェフはローマに戻ったという報道があったが、その真意については、はっきりしていない）。

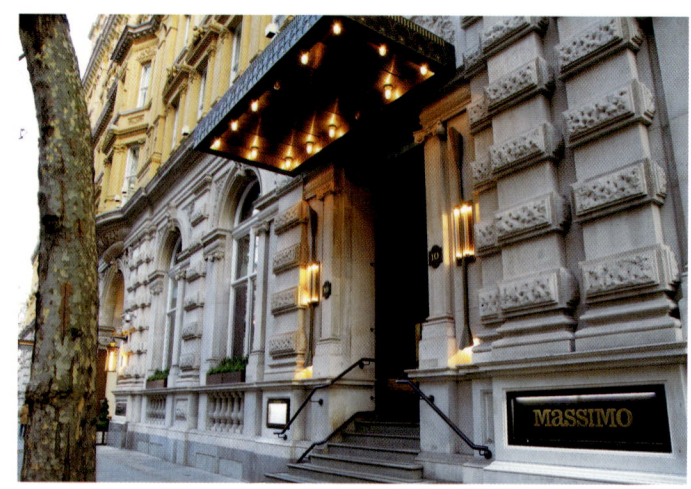
ファサード

入り口右にあるレセプション

レストラン席から見るオイスターバー

MASSIMO

Address : 10 Nothumberland Avenue, London WC2N 5AE United Kingdom
Phone : 020 7998 0555   Design : David Collins
Opening date : April 2011   Seating Capacity : 150

左頁／準備中のオイスターバー　上左／優雅で落ち着いた雰囲気のオイスターバー　上右／オイスターバーの裏側にあるプライベートダイニング　右／タイルを使ったモザイクの床。多少ユーモアも感じられる

16   **PALMILLA,** *the united states*

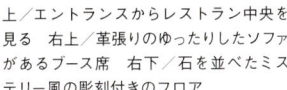
上／エントランスからレストラン中央を見る　右上／革張りのゆったりしたソファがあるブース席　右下／石を並べたミステリー風の彫刻付きのフロア

ロサンゼルスのダウンタウンから、車でおよそ30分の距離にあるリゾート地、ヘルモーサビーチにオープンしたPALMILLA（パルミージャ）は、アイスランド出身のデザイナーGulla Johnsdottirが創作したテキーラとメキシカン伝統料理のレストランである。

カリフォルニア半島の先端、サンフォーカス岬近郊にあるメキシコでも有名なリゾート地、パルミージャを店名にしている。界隈は小さなショップやレストランなどが密集していて、白と黒のチェーンをモチーフにしたファサードはよく目立つ。バーとレストランで106席あるダイニングルームは、マヤ文明や伝統芸術の抽象的なイメージと、モロッコやアルジェリアなどの照明などを素材にして、デザイナーがこれまでの旅で得た印象や想像をもとに、神秘的ともいえるインテリア空間を作りあげている。白い小石を渦巻くように敷き詰め、キャンドルスティックやスポットライトを随所に取り付けた壁面は、かなりの時間を費やしたクラフト作品で、店内の雰囲気を支配している。内部が照明となっていて表面を白いモザイクタイルで覆ったテーブルも、革張りのブース内にバランスよく置かれ、一味変わったダイニング風景が楽しめそうだ。

左頁上／モロッコやアルジェリアなどで見かけるような照明を配した天井　左頁下／バーカウンター。右がジェネラルマネージャーのJohn Fox氏　上／厨房とパティオに抜ける通路の彫刻付きの壁面。エントランスフロアと同じ模様　下左／内部照明で白い模様が浮かび上がるテーブルを配したソファブース　下右／エントランス

PALMILLA

Address : 39 Pier Ave. Hermosa Beach, CA90254 USA
Phone : 310 503 7722
Design : G+ DESIGN – Gulla Jonsdottir
Seating Capacity : 106

Quilon, *united kingdom*

インド南西部、ケーララ地方特産のハンドプリントしたセラミックのプレート（ディスク）で壁面をデコレーションしてあるダイニング

インド料理のミシュラン・シェフSriram Aylurのレストランquilonが、ブライトン近郊に本拠を置くLSMDesignのコンセプトで改装され2012年3月にリ・オープンした。バッキンガム宮殿から歩いて数分のところにある。インドの南西部、ケーララ地方の寺院やクラフトのイメージを、クオリティーの高いモダンなインテリアに仕上げている。エントランス正面には意表を突くような、壺の上にジンク（鉛）トップのレセプションボードが置かれている。左にカラフルな異なったソファを置いたラウンジとバーがあり、ダイニングはレセプション裏からカギ状に右奥まで懐深い設計となっている。インドのキャラクターともいえるヤリ・スクリーンがパーティションとして随所に置かれている。ブルーとゴールドを基調に、いろいろな色を組んで横縞に織ったテキスタイル、ブロンズと重ね合わせたヤリ・スクリーンのランプ、地方特産のハンドプリントのセラミック製のディスク、ウエンジ材を使用したキャンドルウォールなどがシックに壁面に収まり、細い木片を合わせたウエーブする天井などを含め、全体的に洗練されたソフトな雰囲気を醸し出している。

絵画やテキスタイルでコーディネートしたダイニング

QUILON

Address：41 Buckingham Gate, Westminster, London,
　SW1E 6AF United Kingdom
Phone：020 7821 1899
Design：Design LSM
Opening date：March 2012
Seating Capacity：84
Area：296㎡

左／壺とジンク（亜鉛）トップのレセプションカウンター　右／セラミックのディスク。店内では計1100個を使用している

STARBUCKS AMSTERDAM, *netherlands*

エントランスから見て右のステージから対となっている反対側を見る

上／オークの木片1876個を使用した天井の彫刻的レリーフ　中／店内中央にあるオーク材の大テーブル　下／ベーカリーのカウンター

広場に面したファサード

アート化する傾向のSTARBUCKS。このアムステルダム店は観光客でにぎわうレンブラント広場に面した銀行ビルを、オランダ出身のコンセプト・デザイナーLiz Mullerがディレクションした430㎡の、規模としては比較的大型の"スタバ"である。内装に使われたイスやテーブルや調度品などはオランダ産のアンティークや、リサイクル商品が占め、35人のアーティストたちが結集してまとめあげた合作インテリアである。

エントランスホールは両サイドがペアとなる設計で、ジンジャーケーキ用の木製の鋳型で壁面がデコレーションされ、階段を下りた半地下にあるカウンターと客席に透明感ある劇場的なアプローチが試みられている。メザニンともいえるステージはミニコンサートやパフォーマンス、カルチャー的なイベントなどのスペースとしても利用される。中央にはオーク材の特大サイズのテーブルが置かれ、寛ぎには十分な雰囲気が漂う。オーク材の木片1876個を使用し、彫刻的に仕上げたレリーフが天井を覆っている。店内のどのポジションからも視線が届き、インスタレーションというよりは、店内の守護神的な存在になっている。

STARBUCKS AMSTERDAM

Address：Herengracht 595 1017 CE Amsterdam
　Netherlands
Design：Liz Muller(Starbucks Concept Design
　Director)+35 local artists and craftsmen
Opening date：March 2012
Area：430㎡

TICKETS, *spain*

上／にぎやかにデコレーションされたエントランス正面のバー　下／メインダイニング奥から見た店内中央

メーンダイニングからエントランスを見る

　エル・ブジ（El Bulli）といえば、豊富なスペインや地中海の食材を使った創作料理のメッカとして、世界中から注目を浴びてきたところだが、2011年に休業となってしまった（一部では閉店ともいわれている）。長いこと料理長だったFerran and Albert Adriaさん兄弟の新しいレストランとして、多くのファンから期待されオープンしたのが、このTICKETSとドア1つ隔てたカクテルバー41°で、バルセロナ市内のパラッレル通りにある。

デザインを担当したのはOliver Franz Schmidtが主宰するEl Equipo Creativoである。
シーフード専用のメーンダイニングやハムやグリルのコーナーなど6種類のタパスのカウンターが店内に配置され、スタイルもそれぞれに異なっているため、統一性は全く感じられない。バロック風でもあり、カジュアルでカラフル、しかもいたずらっぽくお祭り気分が味わえるようカオス気味のテンポラリーな空間構成をコンセプトにしている。

エル・ブジはかつて世界で最も予約が難しいレストランといわれてきたが、開店以来ここの予約は3カ月先まで常にいっぱいということだ。旅行プランが早めに決められる人ならば、最高といわれる地中海グルメを賞味できるチャンスがあるかもしれない。

メーンダイニングにある白いヨットをイメージしたテーブル

TICKETS

Address : Avinguda Paral-lel 164 Spain
Phone : 932 924 250
Design : El Equipo Creativo (Oliver Franz Schmidt + Natali Canas del Pozo)
Opening date : March 2011
Seating Capacity : 80/85
Area : 250㎡

開店前の準備に励むスタッフ

ASPERS, *united kingdom*

カウンター背後のワインボトルのディスプレイ

数々の記録とドラマで沸いたロンドンオリンピックのメーンスタジアムに隣接する、ウエストフィールド・ショッピングモールの最上階に英国最大規模を持つカジノ、ASPERSがある。ラスベガス、モナコなどの比ではないが、ルーレット盤が40台、150のポーカー台とスロットマシン150台などと24時間営業のレストラン、スカイバーなどからなる。

モール内の長いエスカレーターをのぼった左側に、プラスターで波打つような壁面をバックにしたスポーツバーとレストランCRARY'Sがある。中国、インド料理に加えてグリルなど英国の伝統的なメニューも揃えている。右側は最奥にVIPラウンジもあるSKYBARとなっている。開放感あるダブルハイトの天井。12mあるバーカウンターの背後のワインボトル、メタルの細いロッドを組み先に照明を取り付けたイルミネーションなどはダイナミックで印象的だ。ギャンブルに勝敗はつきもの。どちらに転んでも日常から解放され、明るく爆発的な気分になれるような空間を提供している。コーナーにライブのステージがあり、テラスからは目の前にスタジアムが望める。オリンピック期間中は大いに盛り上がり、大盛況だったという。

大型の照明と壁面

夜間や週末は身動きできないほどの人でにぎわう

上／レストランのダイニングルーム　下左／窓際の、にぎやかさのある照明　下右／メタルロッドを組んだようなバーカウンター上にある照明

ショッピングセンターへの歩道橋からASPERSのあるビルを見る

ASPERS

Address：Westfield Stratford City 312 Loft, Olympic
　Park, London E20 1EN United Kingdom
Phone：0208 536 3636
Design：Design Coalition
Opening date：November 2011
Seating Capacity：Skybar 88+200（Standing ,Vip）
　Restaurant 88
Area：6260㎡

FABBRICA BERGEN, *netherlands*

上／ダイニングから見る中央の厨房スペース　下左／工場を意味するFABBRICAのファサード　下右／エントランスバーのカウンター

上／列車のキャビンをモデルにした木製のブース席　下／ワインやドリンククーラーもきれいにディスプレイされている

工場を意味するFABBRICAはピザレストランで、アムステルダムのスキポール空港のロビーラウンジのデザイナーとして知られるT JEP Designが、ロッテルダム店に続く2番目のレストランとして手掛けたものである。観光アトラクションとして著名なチーズ市場があるアルクマール市の郊外にある。エントランス部分は朝からオープンしているカフェで、ランチ時から営業を開始するレストランは厨房を中心に奥にふところが広がる。通路となっている左側には列車のキャビンをモデルにした木製のブース席がモジュール（ユニット）配列されている。クラシックなシャンデリアとハンガーテーブルがコンパクトに設置されていて、旅している気分を味わえるそうだ。

ダイニング奥のダイニングテーブルからは花柄のビサッザモザイクタイルのオーブンが見通せ、コーナーには燃料となる木材（薪）をX字にクロスする工業用コンテナを壁面に配し、オレンジ色の配線ソケット盤を2個取り付け、かなりインパクトあるディスプレイを試みている。どこの街へ行ってもイタリアンレストランが見られる昨今だが、この空間に見られるようなエンターテインメント性のある店舗は、数少ないのではないだろうか。

上／テーブルのディテール　中／クラシックな裸電球が吊るされたグループ用のダイニング　下／使用するオーブンの燃料となる木材コンテナにオレンジ色のソケット盤がコントラストをなす

FABBRICA BERGEN

Address：Breelaan 21, 1861 GC Bergen , Netherlands
Phone：728 200301
Design：T JEP

PURA BRASA, *spain*

スペイン広場に面し、Arenas SCに付随する平屋の建物にあるPURA BRASAは英語で"ピュアグリル"を意味し、カタランの伝統料理からイタリアンまで多彩なメニューで人気ある、モダンでカジュアルなレストランである。店内に入ると正面にグラフィック調に描かれている特大メニューに目が奪われる。店内の家具には白木を使ったテーブルやイスが使用され、右側の窓際は高めのテーブル、左側にはボックス形のチェアを使った低めの、中央の壁面には長ベンチといった具合に、ニュアンスの違う三様の座席を用意している。広いカウンター窓口のあるキッチンはオープンで、コックたちの動きのいい仕事ぶりが覗ける。オーブンに使用する薪を壁面にディスプレイし、赤く仕切られたフレームからはビデオが放映され、夜間のダイニングは大いににぎわう。ウインドーにはレストランで使用、市販されている食材などがディスプレイされていて、購入して持ち帰りもでき、エントランス際にテークアウト用のカウンターがある。ハンバーグやタパスなどをパックしてもらい、近くのモンジュックの丘をピクニックするのがトレンドになっているという

左上／ウォールサイドの写真をバックにした座席　左中／夜のファサードのイルミネーション。ワインや市販されている食材をディスプレイ　左下／オーブン用の薪で壁面をデザイン、夜間になると赤枠内にビデオが放映される　上／厨房前に配列された長テーブル

PURA BRASA

Address : Arenas de Barcelona, Gran Via de les Corts Catalanes 373-385 Barcelona 08015 Spain
Phone : 934 235 982   Seating Capacity : 150

MANDARIN ORIENTAL BARCELONA, *spain*

バルセロナの銀座とも言われ、にぎわいを見せる豪華なショッピング街、グラシア通りにあるマンダリンホテルのレセプションは、通りからやや引っ込んだビル内にあり、両サイドにブランドショップがある、緩やかな昇りのアプローチとなっている。
ホテル内にはカタルーニャの伝統料理をベーシックにした創作料理のミシュラン三つ星のシェフ、カルメ・ルスカイェーダのMOMENTSがある。日本でもコレド日本橋にあるレストラン・サンパウでも知られている。天井はオリエンタル風にゴールドでペイントされ、白いテーブルに洗練されたプレートやグラス、窓越しに見える壁面緑化のガーデンが、絵画のようにエレガントでシックな雰囲気を醸している。予約制で、カーテンで仕切られるシェフズテーブルでは、コックたちの動きをキャッチしながら、彼女の息子であるシェフ、ラウル・バラムがレシピを仕切る料理を賞味できる。地元ではシェフの料理をアンチ・エイジング・メニューと呼んでいる。ホテルのレストランは、ラウンジを兼ねるアトリウムにあり、白いハイバックチェアを置いたガーデン風にデザインされている。

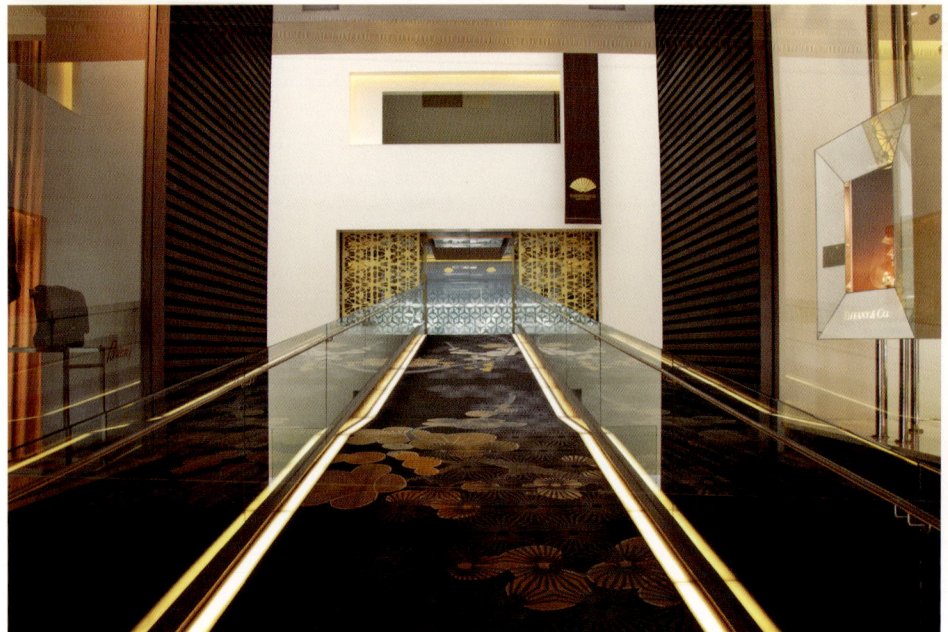

上／シックでエレガントなレストランMoments。壁面緑化のガーデンが窓越しに望める　下／グラシア通りからホテルへのアプローチ　右／厨房前から見るレストラン席

MANDARIN ORIENTAL BARCELONA

Address : Passeig de Gracia 38-40 Barcelona Spain
Phone : 93 151 87 62
Design : Patricia Urquiola
Rooms : 98
Total Area : 17770㎡ Moments 95㎡

ホテルのロビー通路から見るアトリウムのレストラン

38 HET BOSCH, *netherlands*

上／客席の中央部　下／バーカウンター

ベージュ色の家具でコーディネートし、窓からの視界が広がる客席

オランダ語で"森"を意味するHET BOSCHは、アムステルダムの環状線、A10とスキポール空港からのA4号が交わるジャンクション近くの、ニーウエ湖に面したマリンレストランである。黒塗りのファサードに窓枠を大きくとった木造の建物で、大きなパラソルのあるテラス席と1階のレストランとバー、2階のミーティングルームとVIPルームのペントハウスからなる。

入ると正面にバーを兼ねたオープン式の厨房があり、シャンパン銘柄の、黒と黄色のコントラスト模様を、内蔵する照明で浮き立たせたカウンターが目にとまる。セーラーにとって天候を見極めることは大事なことで、特にオランダの不順な気候は知られるところだ。「キッチンを囲むように窓辺に座席を置き、ゲストがどの位置からも外の状況をビジュアルにキャッチでき、またバーテンダーは速やかに出来た料理を座席に届け、しかも食器などの回収は反対側から納められるよう、巡回性のあるレイアウトを優先コンセプトにした。ここでは時計の針とは逆方向に従業員の動きがスムーズにいくよう徹底しています」と、このプロジェクトを担当した一人であるRogier Janssen氏は語る。木のパネルを多用しているのは、どちらかというと騒々しい店内における消音効果に期待しての発想であることは言うまでもない。

HET BOSCH

Address：Jollenpad 10 1081 KC
　　　　 Amsterdam Netherlands
Phone：20 644 5800
Design：Jager Janssen Architecten
　　　　 & Dreissen Architecten
Opening date：October 2010
Area：480㎡

左／3個のテーブルを重ねたラウンジブース　右／黒くペイントし、木のパネルを使用したレストランのファサード

GENES@CO-OP CAFÉ, *the united states*

五番街にあるBARNEYSは1923年に開業した、高級アパレルやグッズのセレクションで知られるデパートである。本社のリニューアルが行われ、以前はペントハウスとして使用されていた8階に、デザイナーYabu Pushelbergと社内スタッフの共同アイデアでデジタル化したGENES@CO-OP CAFÉ(104㎡)がオープン、話題を提供した。Genes(ジーンズと発音)とは前任者のSEOの名前をとったものである。

外から見るとガラス張りの会議室のように見えるカフェには、30人が座れるテーブルとイスが置かれ、並行するように天井には2本の照明がストレートに走る。各テーブルはメニューや社の商品ブログ、The WindowがiPadのように流れるタッチスクリーン仕様となっていて、カフェや軽食メニューのオーダーから商品のセレクト、購入まで食事をとりながらモニター操作だけででき、ショッピング時間の節約にもつながる。よく見ると床はモザイク仕上げでダークブラウンにペイントされ、空間全体がシックな雰囲気に包まれている。ファッショナブルなスペースをアピールし、顧客の若返りを狙った社のデザイン戦略とも言えよう。

左／奥から見るタッチ・スクリーン・テーブル　右上／まずはカフェをオーダーしてから品定め　右下／奥にあるバーテンダーのカウンター

GENES@CO-OP CAFÉ

Address : 575 Fifth Avenue, Barneys, New York NY 10017
　USA
Phone : 212 450 8699
Design : Yabu Pushelberg
Seating Capacity : 30
Total Area : 104 ㎡

スクリーンに映し出された商品

CIEL DE PARIS, *france*

店内奥から客席中央を見る

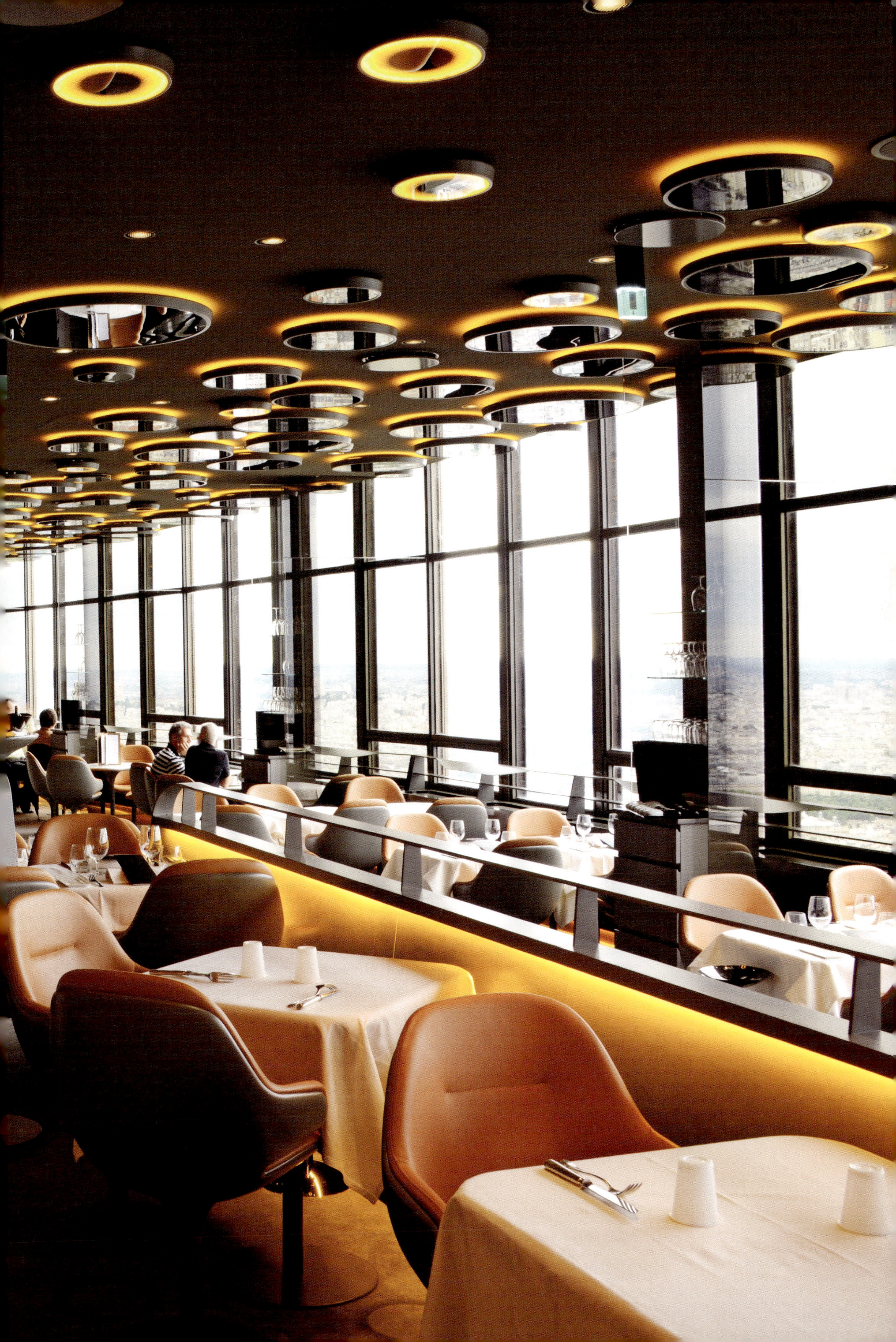

モンパルナス・タワー（地上210m）は1972年に竣工、建設当時からパリの景観を損なうものだとして、特に若年層を中心に反対論争を巻き起こし、やがて市街地の高さ規制が敷かれるようになったというストーリーある高層ビルである。エッフェル塔やパリ市をパノラマで眺望するのには絶好のポジションにあり、常に観光客でにぎわっている。最上階にあるレストランCIEL DE PARISはヨーロッパで一番高い場所にあり、デザイナー建築家Noe Duchaufour-Lawranceにより改装されリ・オープンされた。エレベーターで一気に56階までのぼると、黒くスタッコ仕上げされた壁面にオレンジ色に光るレストランサインが出迎えてくれる。エントランスを入ると左にバーカウンターがあり、客席はビルの外壁に沿って緩やかな扇状に左右に広がり、エッフェル塔やラ・デファンスの高層ビル群など、見事に都市計画されたパリ西側の景観が望める。Artemide社と提携した天井照明には、星のように見えるスポットライトと蜂の巣状のアンバー色のリングランプ、ミラー付きのライトなど計275個が取り付けられ、外の大パノラマとリフレクトし、シャンパンの泡のような華やかさを演出している。

CIEL DE PARIS

Address : Tour Maine-Montparnasse 56 Fl. 33 Avenue du Maine 75015 Paris France
Phone : 01 40 64 77 64
Design : Noe Duchaufour Lawrance
Opening date : June 2012

上／バーカウンター　中／ステップアップした客席にあるグループ用のテーブル　下／カーペットにも照明のフォルムをデザインしている

モンパルナス・タワー。最上階にあるパノラマ展望フロアは常に観光客で満員

ABRASSAME, *spain*

白いテーブルと日除けにしてある天井のパネルが人目を引くテラス席

ガラス食器を照明に使用しているテーブル席

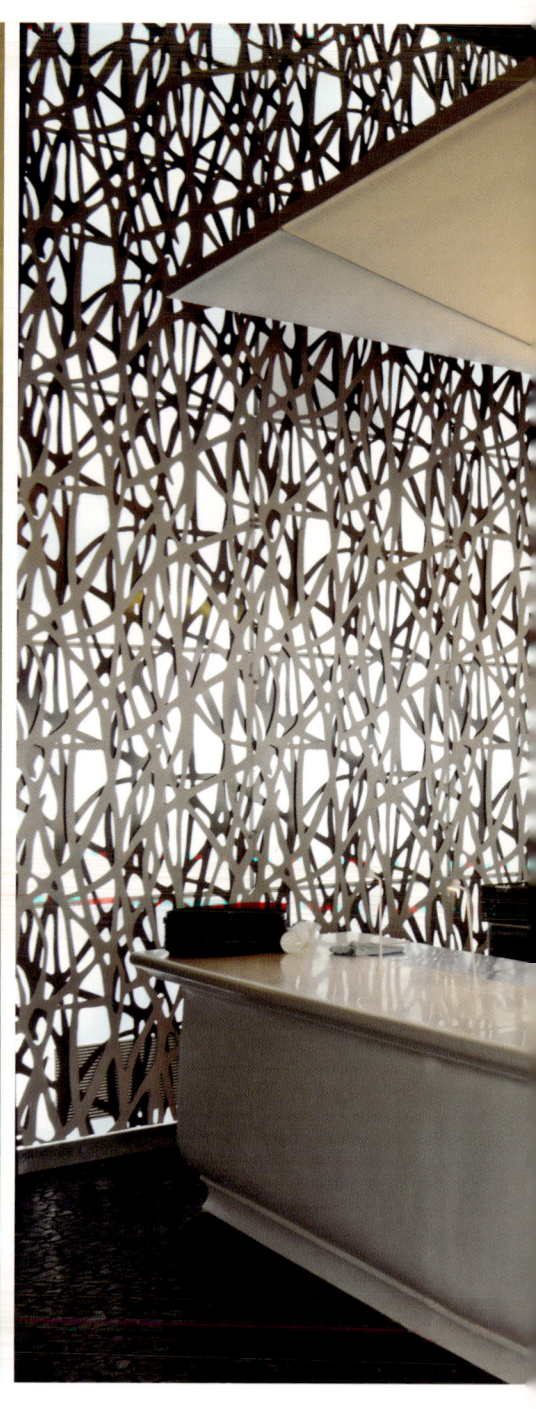

左／奥のダイニングから中央を覗く　右／白いルーフの中央部はダクトが内蔵されている

アレーナの最上階をひと回りしてみて、ひときわ目を引くのが2012年4月にオープンした最新店、魚料理をメーンメニューにしたABRASSAMEである。プラスチックの真っ白いテーブルとチェアを配したテラス席は、植物を模したような格子細工されたパネルが天井を覆っている。DECO-DESK社が室内外のインテリアデコレーションとして開発しているデザインの一つで、厚さ3ミリの高熱処理されたアルミニウムで出来ている。よく見ると2枚重ねしているのが分かる。灼熱の国、スペインである。爽快感があり、日除けのシャドー効果は十分期待できそうだ。店内では中央に陣取る白いカウンターの背後に照明シェードのように使用され、ダイナミックなバックシャドーとしての展開を見せる。モダンな家具やインテリア、建築空間の技巧とそのアプローチは注目されるところだ。グリル出来るオープンスタイルの厨房の頭上には、白いルーフが設置してあり、中央部はダクトとなっている。また、趣の変わったシャンデリアがムード役となる宴会用(グループ客用)のダイニングルームが両サイドに配されている。

ABRASSAME

Address : Cupola del Centro Comercial Arenas, Gran Via
 de les Corts Catalanes, Barcelona 08015 Spain
Phone : 93 425 5491
Design : Manel Ibarguingoitia, Decodesk (installation)
Opening date : April 2012
Seating Capacity : 180

白いシャンデリアの照明とテーブルに赤いグラスがよく似合う

48 ARENAS DE BARCELONA, *spain*

上／広場から見る外観　下／クーポラ内の見上げ　右頁／エントランス。アトリウムを支える黄色の鉄パイプ

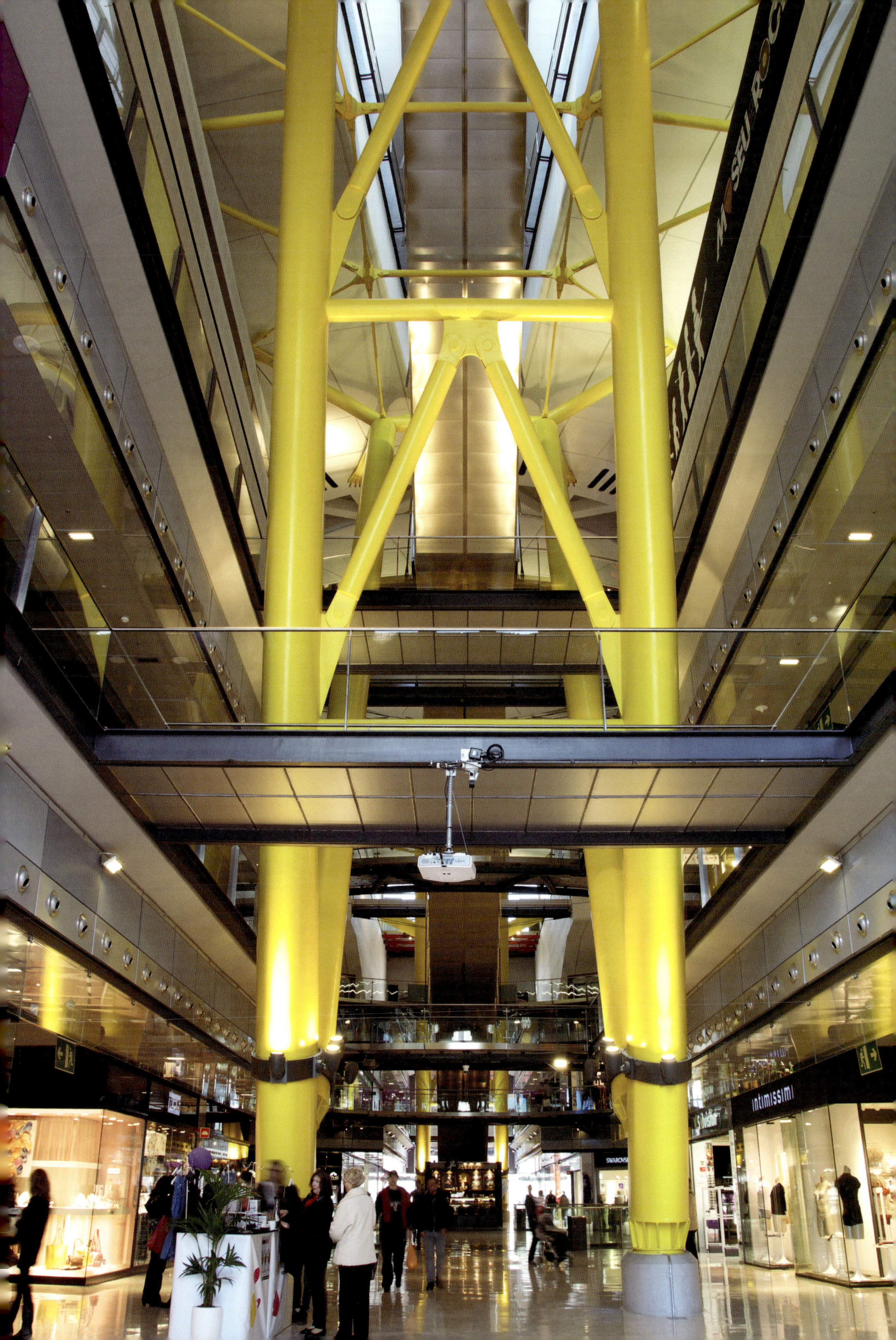
intimissimi

パスタショップ「Qué Pasta!」

左／ワインバー　右上／「UDON」の店頭　右下／イタリアンスタイルのケーキ、チョコレート、アイスクリーム店

パティスリー「Macarons」

バルセロナ市内の最新ショッピングモール、ARENAS DE BARCELONAは、1900年に建てられた。1977年まで実際に闘牛場として使われてきた建物を建築家Richard Rogersとコラボした Alonso Balaguerのデザインにより煉瓦の外壁を残して改築されたものである。2003年から商業コンプレックス化のプロジェクトが始まり、経済状況の悪化などで一時工事が中断したこともあったが、2011年3月に竣工した。クーポラのあるアトリウム構造の建物で、116のテナントショップと映画館や美術館などがある。見本市や国際会議場などが近くにあるスペイン広場に面し、メトロから地下1階に直接アクセスもでき、地下には車1250台、オートバイ500台が駐車できる4層のパーキングがあって大変便利な立地だといえよう。エレベーターとエスカレーターで最上階までのぼると、市内が一望できる360°の遊歩スペースがあり、内側にはレストランが並んでいる。ここではカフェやタパスなどが味わえる地下1階をファサードウオッチングしてみた。

ARENAS DE BARCELONA

Address：Cupola del Centro Comercial Arenas, Gran via de les Corts Catalanes, 08015 Barcelona Spain
Design：Rogers Stirk Harbour + Partners, Alonso-Balaguer y Arquitectos
Opening date：March 2011
Area：110000 ㎡

CUPOLA, *the united states*

欧米の都市を歩いてみて、最も目につく飲食関係のお店といえば、テークアウト、宅配を含めたイタリアン・ピザだろう。紹介するCUPOLAはラーク・クリーク・グループの14番目にあたるピザレストランで、サンフランシスコの繁華街、マーケットストリートにあるウエストフィールド・ショッピングモールの4階にある。ピザはオーブンが"いのち"と聞くが、ここではハンドメードのステファノ・フェラーラ製の、市内には2個しか存在しないという、薪を燃料とするオーブンを据えている、白のカレラタイルをファサードにしたレストラン中央には、真っ赤にラッカー仕上げしたテーブルがあり、ストレートに奥のオーブンにアプローチしていて、ミニ滑走路のようだ。よく見るとテーブル3個をセパレートに置いてあるのが分かる。設計者のCCS Architectureが特注したもので、ミラノ・ファッションショーの華やかな"ランウェイ"をイメージした創作だという。ウォールナット（くるみ）のバンケットテーブルや右奥のソファベンチ席のバックライトとミラーを交錯させ、リフレクション効果が得られる壁面など、店内にはこだわりを感じさせるデザインが多くある。

CUPOLA

Address：Westfield Mall, 845 Market St. 4th Fl. Ste 400, San Francisco, CA 94103 USA
Phone：415 896 5600
Design：CCS Architecture
Opening date：June 2011
Seating Capacity：100
Area：315㎡

左側のバー。赤いテーブルは途中でジョイントして中央奥のオーブンに延長

左／真っ赤なテーブルを組んでオーブンまでアプローチ。ランウェイ、ミラノのファッションショーをイメージ　右／カレラタイル貼りのファサード

右奥のテーブル。バックライトとミラーの組み合わせ

FASTVINIC, *spain*

FASTVINICはバルセロナ大学に近いディプタシオ通りにあるセルフサービスのカフェバーで、インテリアデザイナーAlfons Tostが手掛けたエコ志向の意欲作である。
道路に面してキューブ状のメニューサインが置いてあるエントランスを入ると、右側はガラス張りの厨房で、お客は素材や作業風景をチェックしてからオーダー出来る設計となっている。店内はカギ状に奥まで続き、狭い通路の両側は天井までフルサイズの棚システムが構築され、その中にワインクーラーやバーカウンター、テレビ、リサイクルボックス、照明をバックにしたプランターなどが機能的にコーディネートされている。座席には多くのクッションも置かれ、モニターを見ながらメニューチェックもでき、独特でフレッシュなダイニング空間を提供している。すべてのエレメントはリサイクルや分解が可能で、パッケージには100％堆肥化出来る素材が使用されている。
間口ひとつ挟んだ隣には姉妹店であるレストランMONVINICがあり、ここと同様に界隈の人気スポットとなっている。このカフェはエコ建築に与えられるLEED (Leadership in Energy & Environmental Design) を認証授与された。

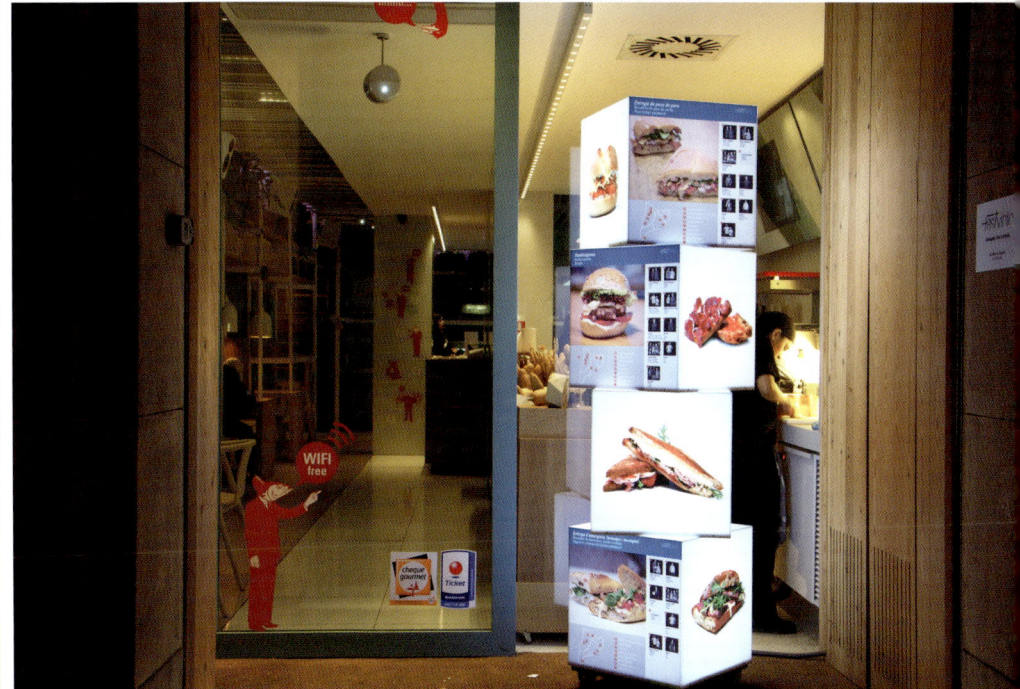

左上／店内最奥にある、通りに面した
ダイニングスペース　右上／ガラス
張りとなっている厨房の様子を見て
お客はオーダー出来る　右下／4個の
キューブからなるメニューサイン　左
／背後にワインクーラーもあり、倉庫
のような雰囲気でもあるバーカウンター

FASTVINIC

Address：Carre de la Duputacio
　　　　　251 08007 Barcelona Spain
Phone：934 873 241
Design：Alfons Tost Interiorisme

CASA CHELIS, *spain*

このCASA CHELISは、旧バルセロナ港の再開発地区、ポルト・ベルのナイトクラブのカクテルバーで10年間ほど勤務した後、以前にはレストランマネジャーとして日本に滞在経験があるというLino Iglesias自身がオープンしたレストランで、入り口はセパレートになっているが、店内で座席とキッチンがジョイントしているLa Martineraを共有している。

白木のインテリア空間は心地良く"温もりある"と形容されるが、このレストランではベンチやテーブル、背後の棚などのブース全体が木目のある木でコーディネートされていて親しみやすさを感じる。また壁面に沿って配列されているカップル用テーブルには、シンプルなランプを取り付け、大きめの番号札を配しているのも気取らないホノボノとした感じを覚える。中央にあるショーケースにはタパス料理に欠かせない、ハムやチーズ、オイスターやオリーブなどがディスプレイされていて、テークアウトもOKだという。バーのエントランスには珍しいブランドのジンやリキュールをキャビネットにディスプレイし、カクテル通の人たちを魅了するアイキャッチャーとしている。

バー「La Martinera」のエントランス

生ハムはどのレストランでも気を使っている身近なグルメ

CASA CHELIS

Address : Carrer de Muntaner 102
　　　　　Barcelona Spain
Phone : 923 300 303
Opening date : October 2011
Seating Capacity : Bar 120
　　　　　Restaurant 60

上／エントランスからダイニング、グルメ・ショーケースのあるカウンターを見る　下／カラーのスポットライトライトを壁面に当てたバーLa Martinera

CERVESERIA MORITZ, *spain*

左上／広い天井を交錯するように設計した照明。光る屋根という感じだ
右上／M字サインのあるビールタップ　下／ジャン・ヌーベル自身が過去のコマーシャルに使用されたポスターなどをリライトした照明オブジェ

MORITZは1856年に操業を開始した、バルセロナ生まれのビールの老舗銘柄である。工場は大学近くのサンタントニ通りに移転して以来、100年以上にもわたってこの地で醸造してきたが、工場の移転などもあり、操業をストップし30年以上建物が放置されたままであった。2004年にブランドが復活されることとなり、建築家ジャン・ヌーベルのデザインでプロジェクトが始まり、2011年暮れにCERVESERIA MORITZのオープニングにこぎつけたという経緯がある。インダストリズムの象徴である煉瓦の壁面や構造となる柱などを残して再生された2層、約4000㎡からなる。1階にカフェバー、ベーカリー、ショップ、レストランがあり、地下は撮影時にはまだ完成していなかったが、ビールの聖地をイメージするメモリアルホールと展示空間などが大半を占めている。

余裕ある広い通路と並行させるかのように、黄色やだいだい色、アンバー色をミックスした照明が天井を覆い、会社が過去コマーシャルに使用していたイラストやポスターなどを建築家自身が色鮮やかにリ・ライトし、照明オブジェとして随所にディスプレイして、華麗なる光を主役にした飲食空間を提供している。

CERVESERIA MORITZ

Address : Ronda Sant Antoni 41
 08011 Barcelona Spain
Phone : 93 426 00 50
Design : Jean Nouvel & Jordi Vila
Opening date : November 2011
Area : 4000 ㎡

左上／ボトルやイラスト、照明による華麗なる飲食空間　右上／セルベッセリアのエントランスから見た店内。黄色やアンバー色の照明が天井を覆っている　下／奥まで続いているロングテーブル

YO! SUSHI, *united kingdom*

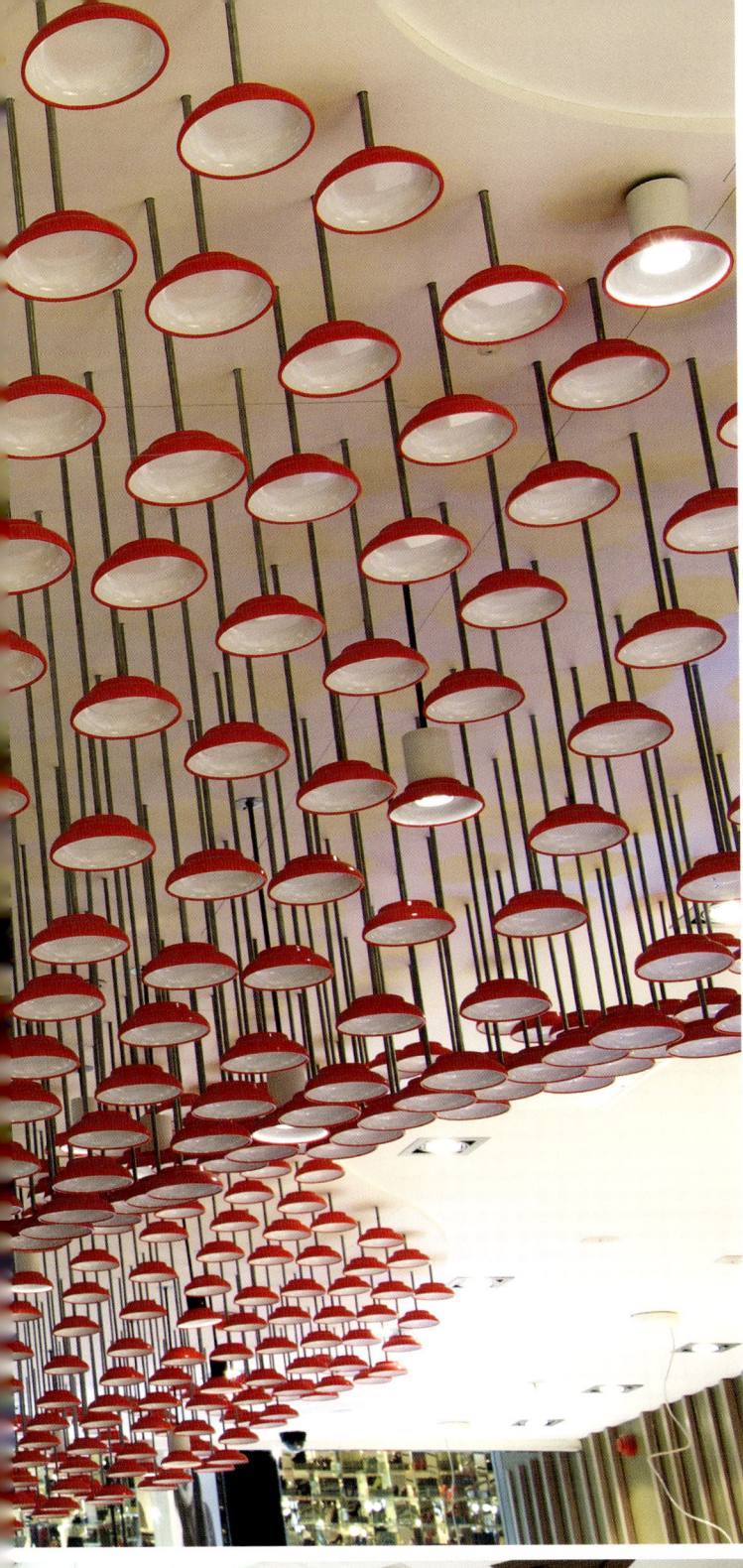

ロンドンで1997年に第1号店を開業以来、現在英国内40カ所以上で営業展開しているYO! SUSHIは、いわば回転すしの老舗的存在で国際的にも進出している。ウエストフィールド・ストラットフォード・シティの2階にあるカフェコートの中央に位置している。どんぶりをひっくり返した状態で棒に取り付けられた320個あまりのオブジェが店内中央の天井を覆っているシーンは圧巻で、一部は照明器具のシェードとして使用され異彩を放っている。

にぎりや刺身、スープ、巻きものやグンカンなどといったメニューは日本の回転寿司とさして変わりがないが、ここではカツ丼やヌードル、てんぷらなどのどんぶり物も賞味できる。比較的価格も高いようで、全皿どれでも均一料金といかないため、ベルトで回転する皿の減り具合もややスローな感じがする。ソリッドオークと白いカレラマーブルのカウンターとイス、赤い人造皮革のソファと同じマーブル材のテーブルでコーディネートされたブース席はフレッシュで高級感に満ち、他と比較して一風変わったインテリアを披露している。正午に開店し、途中休みなく夜の9時まで営業している。

YO! SUSHI

Address：214 The Balcony, Westfield Stratford City, Stratford, London E20 1ET United Kingdom
Phone：020 3394 2980
Design：Phillip Watts Design
Opening date：September 2011
Seating Capacity：74

上／カウンターから見上げたどんぶりのインスタレーション。一部は照明に使われている　下左／ブースから見た店内　下中／テーブルウエアは日本の回転すしと同様の設え　下右／カフェコートの角地にある店舗のファサード

El Japonese@22, *spain*

バルセロナ市の主導で再開発が進む@22地区では、すでにランドマークとなり観光ルートにもなっているジャン・ヌーベルデザインのトーレ・アグバールや、ホテル、IT関連、大学、公共施設などの高層ビル群を形成しつつある。El Japonese@22はディアゴナール通りから一歩下がった広告代理店のビルの1階コーナーにオープンしたGrupo Tragaluzの最新店である。

既存ビルの7mあるコンクリートの天井と壁面の対応にチャレンジしたSandra Tarruella Interioristasのアイデアには見応えを感じる。エントランスから見て左側に白いコーリアン製のカウンターとオーク材の棚のセット、中央にダイニングテーブル、奥のスペースはオープンキッチンとメザニン上の倉庫というレイアウトにし、窓辺には手織りしたバスケットをシェードにしたランプを天井から吊るして、空間全体のバランスをとっている。長さは4〜5mとまちまちで、織り目や形にもバリエーションがある。内部照明にも気を使い、温かみのある色温度の低いランプなども混ぜて使用している。この照明インスタレーションは店内の反響を防ぐ防音効果にも役立ち、ビルの谷間でのアイキャッチャー的存在ともなっている。

左／よく見るとシェードのデザインはそれぞれ異なっている　右／ミニテーブル上を覆う高さと形状の異なるランプ

EL JAPONESE@22

Address : Av, Diagonal 177 Edificio
　Imagina 08018 Barcelona Spain
Phone : 93 557 98 98
Design : Sandra Tarruella Interioristas
Opening date : November 2011
Total Area : 189㎡

エントランスから見た店内

IKI, spain

IKIは市の中心地からやや西側、ディアゴナール通りの南側にある通称、"ガストロノミー通り"と呼ばれるアリバウ通りにある寿司、日本食レストランである。珍しくも50年以上も空き家同然となっていたスペースを改装、ナチュラルウッド、スレート、鉄製品、ガラスやバンブーペーパーやテキスタイルなどの素材を使用して、リノベーションした日本風のデザインである。古き良き江戸時代の、シンプルでエキゾチックな伝統的なカルチャーを連想し、オーナー自身はまだ日本へ行ったことはないのだが、イメージを膨らませてデザインアップしたのだという。サムライのかっこよさの"粋"を店名にしている。エントランス左に少人数用の寿司専用のボードが置かれ、中央左にオープン式の厨房、その前からメーンダイニングへと懐の深い設計で、クロームバナジウム鋼をグリルボードにした鉄板焼きコーナーもある。中央の天井には並列する2本の色の異なる照明が走り、広重の東海道の絵をモチーフに描いた行燈(ランタン)が配列されている。影絵のようなシャドーを壁面に落とす"あかり"(提灯)の奥ゆかしさが、雰囲気作りの主役といった感じだ。地下には襖でアプローチする宴会室もある。

左上／レストラン最奥にある10人が座れる鉄板焼きコーナー　左下／障子のように格子にしてある壁面の照明　右／厨房前のダイニングスペース。ハンドペイントしたランタンに加え、2本の行燈を伸ばしたような照明が天井をはしる

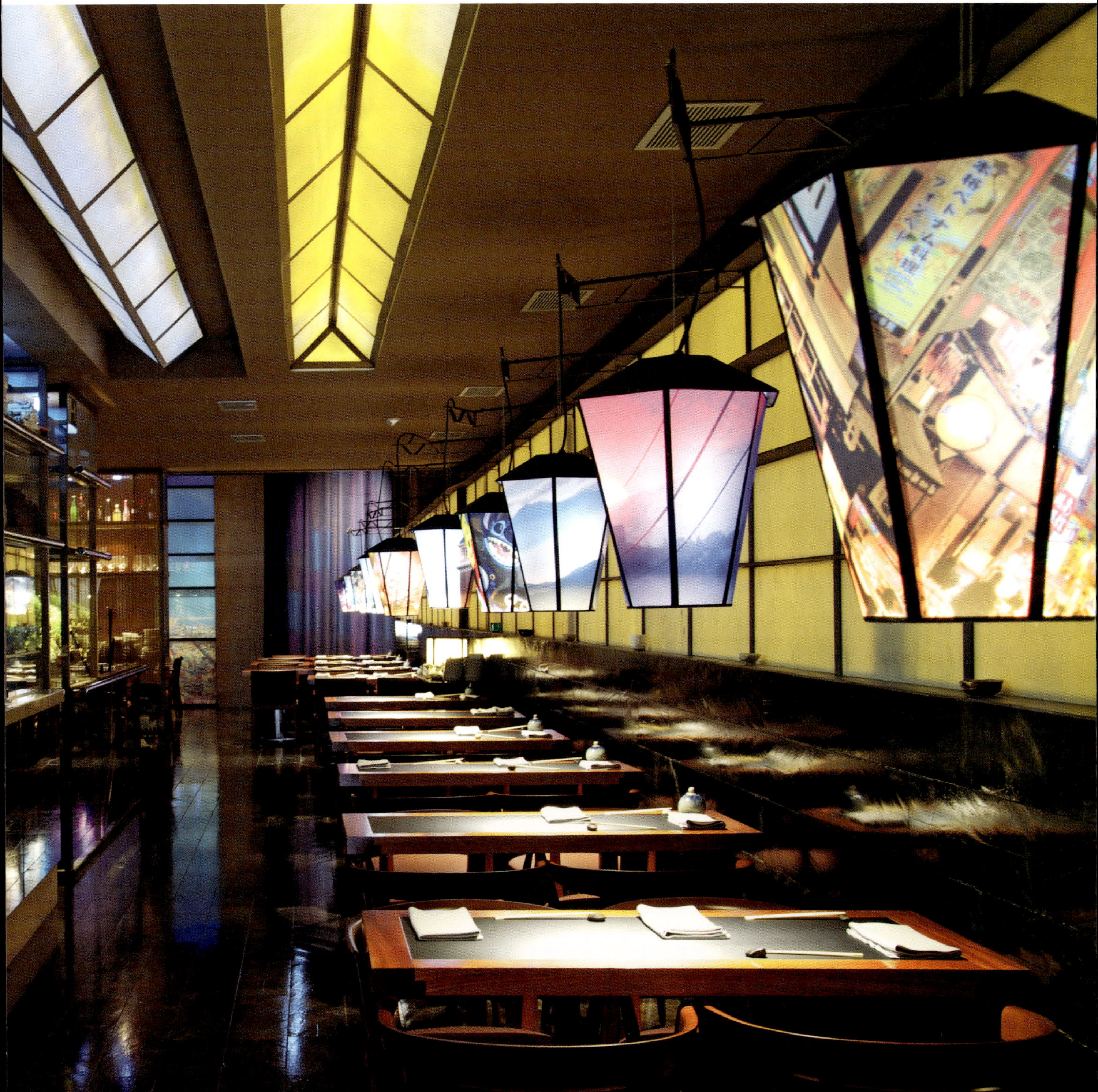
ベトナム料理

上／豆球内蔵のワイヤーランプでデコレーションした"粋"のファサード　左下／樽酒や食器、調味料や本などがキャビネットに飾られている　右下／地下にある会議や宴会用スペースへのアプローチ

IKI

Address：Aribau 174　08036 Barcelona Spain
Phone：936 763 407
Design：Owner personally

WATATSUMI, *spain*

日本神話に登場する海の神を店名にしたWATATSUMIは、アレーナのクーポラをエスカレーターでのぼりきったすぐ右側に位置する日本食レストランで、ドバイ、ロンドンに次ぐ第3店である。入ると右側に数人ほどが座れるバーカウンターがある。中央には鋳造した磁器製の白い魚の彫刻を900個使用し、群がって泳ぐ習性をもつ深海魚をモビールにしたインスタレーションが白いカウンター上にある。これは"Shoal"と呼ばれ、デザイナーDominic and Frances Bromleyが主宰するScabetti Studioのブランドでノース・スタッフォードシャーの磁器工場で生産され、ロンドン店でも使用されている。新鮮で生きの良さを売り物にする寿司や刺身の空間演出としてその話題性、臨場感は十分。照明を受けて輝き、壁面に落とすシャドーもデザインのアクセントになっている。このイメージに呼応するかのように、群れをなして渦巻くように深海を泳ぐ魚の大群を描いた絵が、店内奥の壁面いっぱいに飾られている。神秘性にあふれた力強い作品である。ダークブルーのランチョンマットと白い皿、置かれたライトブルーのナプキンが印象的である。

赤いクーポラを支える鉄骨が露出しているテラス席

奥にある壁面にペイントされた深海と魚群。渦巻いて移動する魚群を大胆なタッチで描いている

左上／ダイナミックな天井空間　左下／エントランス右にあるバーカウンター　右／カウンター上を彩るショアルと名付けられたインスタレーション

WATATSUMI

Address : Las Arenas de Barcelona, Gran Via de les Corts
　Catalanes, 373-385 08015 Barcelona Spain
Phone : 93 228 92 24
Design : Scabetti (Dominic and Frances Bromley) -installation.
Opening date : December 2011
Seating Capacity : 107
Area : 270㎡

計900個の磁器製の魚が使用されている。白い壁面のシャドーが存在感を際立たせる

YOJISAN, *the united states*

寿司・日本食のYOJISANはシシリー島出身のGiaromino Drago兄弟が経営する8つあるレストランの最新店で、パートナーとしてアメリカでの職歴が長い板前シェフ田島洋治さんがカウンターを仕切る。意外とおとなしい店舗づくりが主流であるビバリーヒルズの街中に、デザイナーDan Brunnが挑戦を試みた大胆な発想のインテリアは注目され、開店以来人気を得ている。

ヴィンテージの漁船をリサイクルした鋼材と木のプレートをファサードに使用した玄関から入ると、ふさふさした植物が天井から逆に生えている感じの、日本の森をイメージしたインスタレーションに目が奪われる。低い位置にコンクリート製の長ベンチも置いてある。バンブーが間仕切りとなり、店内はレセプションカウンター、ダイニング、寿司バーと、奥に長い設計だ。ダイニングの頭上にはスーパーサイズの弁当ボックスが2カ所に逆さにして吊るされ、照明器具として機能している。さらに通路側の壁面は、抽象化した竹林のライトパネルで、幹の部分を明るくその間をやや暗めに、非現実的にシンプルに仕上がっている。スケールアウトしたサイズのため、空間全体を支える梁のような力強さも感じられる。

YOJISAN

Address : 260 N Beverly Drive, Beverly Hills, CA 90210 USA
Phone : 424 245 3799
Design : Dan Brunn
Opening date : April 2012
Seating Capacity : 70
Area : 120㎡

左／レセプションカウンターからメーンダイニングと奥の寿司バーを見る。超現実的な竹林をイメージしたライトパネルが壁面を覆っている　右上／シェフの田島洋治さんとスタッフ　右中／エントランス席とダイニングの間にあるバンブーのパーティション　右下／スーパーサイズの弁当ボックスを逆さにした照明が吊られている

YOOBI-SUSHI, *united kingdom*

ロンドンで初デビューした手巻き寿司のYoobiは、狭い路地に倉庫やミニショップなどが密集しているソーホーのレキシントン通りにある。ブラジル人の母を持つスイス人Nicolas Steinerさんがデザイナーのcarolina Rodriguesさんをパートナーとして2012年5月にオープンした。寿司はブームとなってグローバルに展開、どこの都市でも見かけられるが、日本人が多く居住するブラジルではTemakeriaと呼ばれて、手巻き寿司が大変ポピュラーで、指が訛ってYoobiとアルファベットで命名したのだそうだ。

建物のコーナーから入ると、正面にボリューム感あるグラスファイバー製の白いカウンターがあり、左奥にテークアウト用のクーラーボックス、右側の窓際にはイスを置いたカウンター、奥にダイニングと、店内はスクエア状にバランスよく配置されている。木のパネルを使用して、テーブルやイス、ベンチなどは寄木細工の手法でグラフィカルなラインで統一、よく見ると床やメーンカウンターなどともマッチさせているのが分かる。ペンダントランプや壁面にスリット状にした照明などは、高い天井空間のバランスを取るエレメントとなっている。トイレとは別に手洗台を設置してあるのも良心的なデザインといえる。

上／ダイニングスペースから奥にある厨房を見る　下左／地下への階段もパネルとペンダントランプを使用　下右／以前は倉庫として使用されていた古いレンガの壁を残している

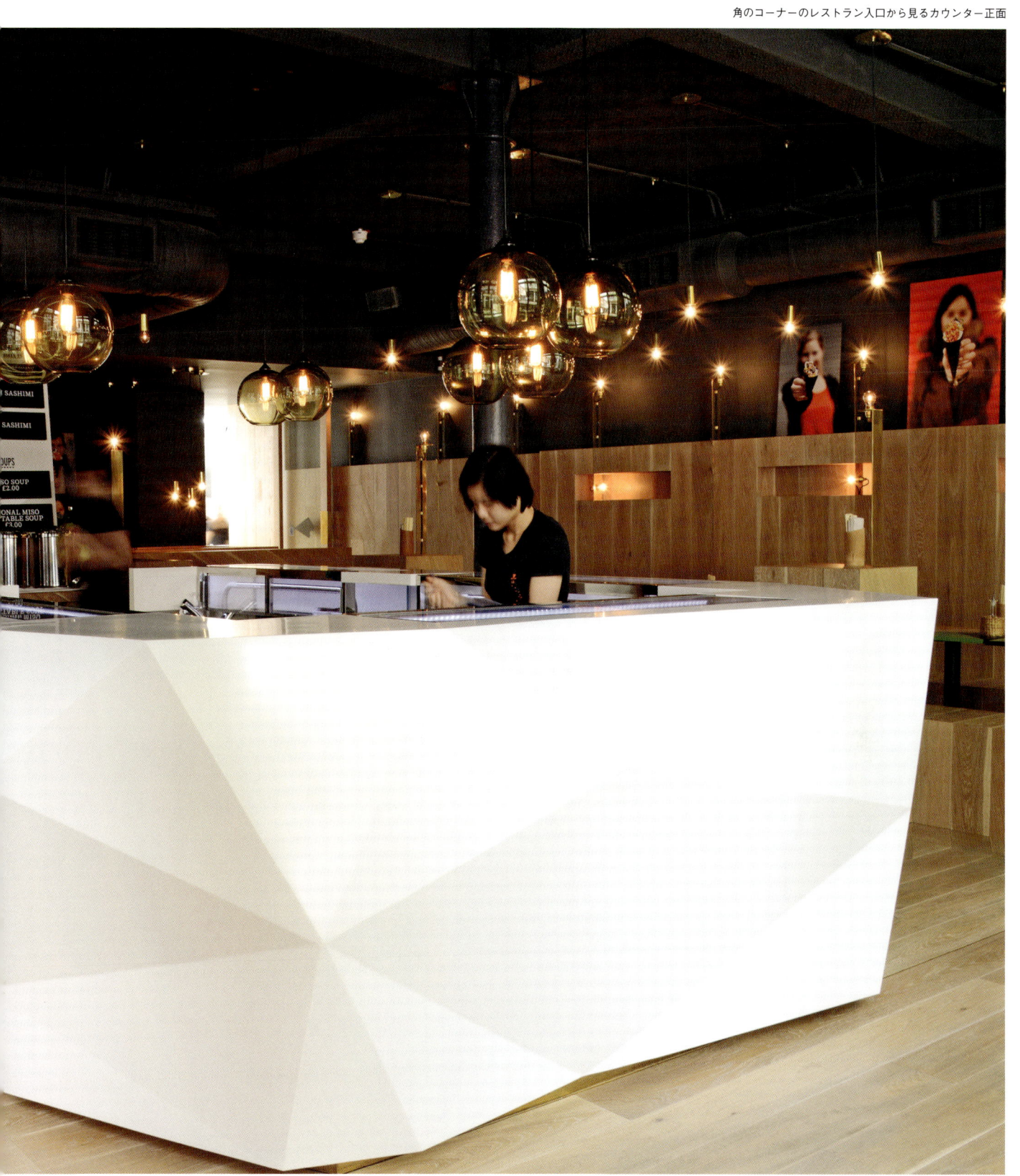

角のコーナーのレストラン入口から見るカウンター正面

YOOBI-SUSHI

Address：38 Lexington Street Soho, London W 1F 0LL United Kingdom
Phone：020 7287 9442　Design：Grundry & Ducker
Opening date：May 2012　Seating Capacity：20
Area：90㎡（Grand）　90㎡（Bacement）

LA PASTISSERIA, *spain*

2年に一度（隔年）フランスのリオンで開催されるクープ・デュ・モンド・ドゥ・ラ・パティスリー2011（パティスリーの世界大会2011）でスペインが優勝を果たした。その時のメンバーの一人Josep Maria Rodriguez Guerolaさんが2011年3月にオープンしたお店がこのLA PASTISSERIAで、バルセロナ大学近くのアラゴン通りにある。

出店に先立ち日本にも視察に行ったという。設計はショーウインドーや食料品店などの多くを手掛けるPASTPAN DESIGNが担当した。長いショーウインドーとカフェのある店内はさほど広くはないが、厨房と保管場所などにスペースの多くをとっているため、総面積では300㎡と、パティシエにとって余裕あるプランとなっている。高輝度LED電球を多く使用し、特注したラッカー仕上げのイスやテーブルはクリーム色にしてあるため、全体に温かみを感じる。高熱接着されたチョコレート色のキャンバスに、白いカカオの花をプリントしたアートが店内中央の天井を占め、バックライトで浮き出て見える。守護神のごとく、いきいきと店内の繁盛を見守っているかのようでもある。

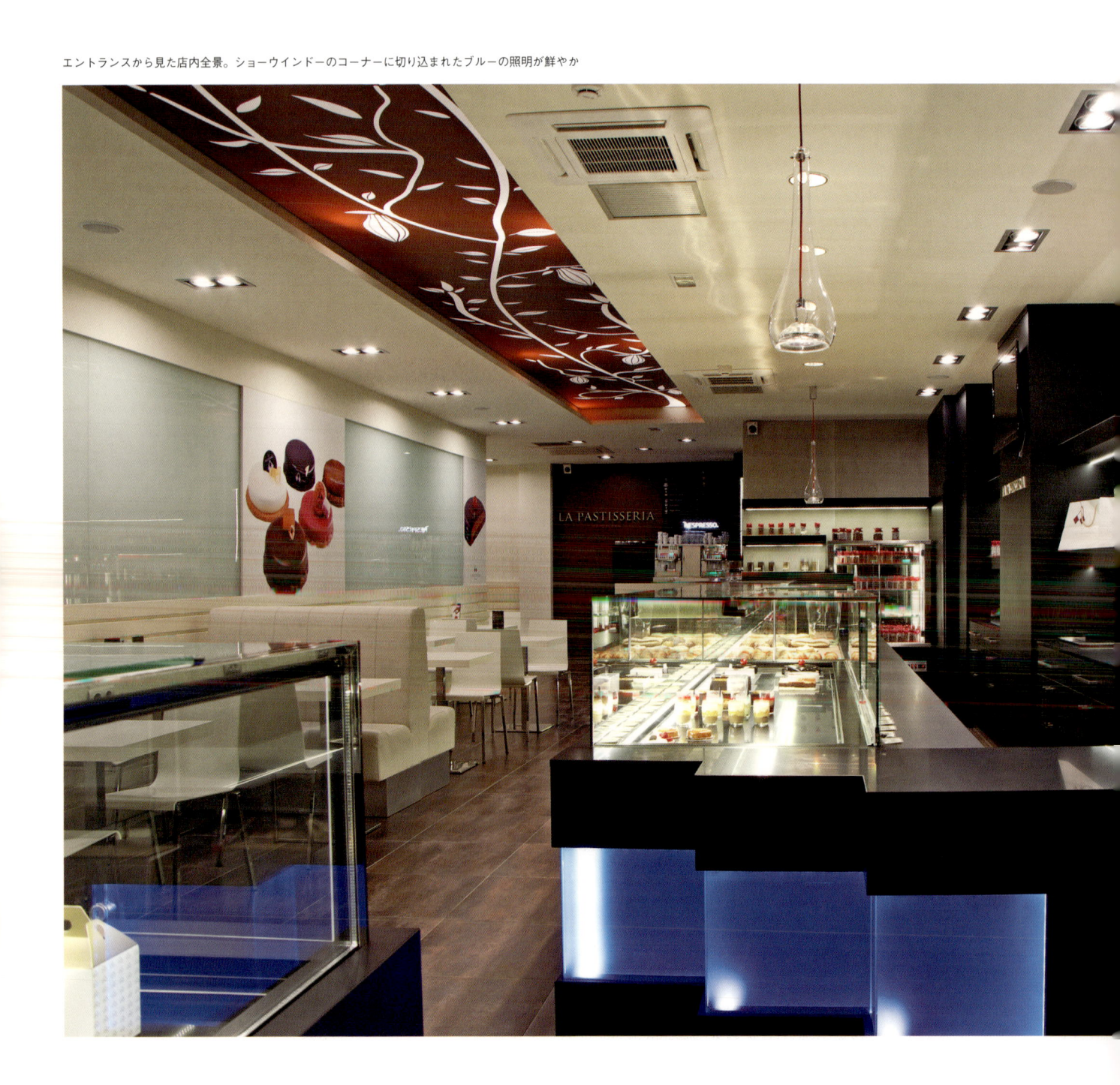

エントランスから見た店内全景。ショーウインドーのコーナーに切り込まれたブルーの照明が鮮やか

天井を覆うプリントされたカカオの花。バックライトで浮き上がって見える

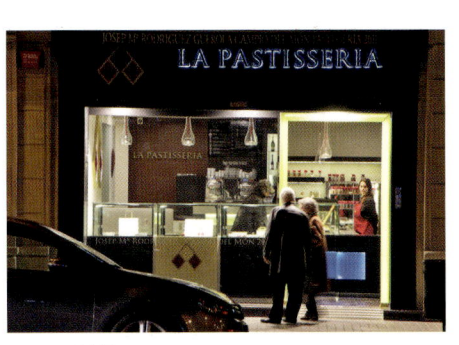

ファサード夜景

LA PASTISSERIA

Address : Arago 228 08007
　Barcelona Spain
Phone : 934 518 401
Design : Pastpan-Jordi Torres
Opening date : March 2011
Seating Capacity : 18
Total Area : 300 ㎡

SNOG CHELSEA, *united kingdom*

フローズンヨーグルトのSNOGショップは08年にケンジントンにオープンして以来、現在ロンドンに5カ所の店舗を有し、ノンファットでオーガニックなヘルシーフードとして人気を得ている。チェルシー店のあるキングスロードは昔からの間口の狭い小店舗が軒を連ね、しかも交通量が多い商業地区として知られている。異なったスタイルでショップをシリーズで設計しているCinimod Studioは、バス停に面し慌ただしさのある立地で、いかにしたら通行人を引きつけられるかを熟考し、照明によるアイキャッチャー的なビジュアル効果をメーンコンセプトにしてデザインを試みたという。

店内は18㎡と狭く、正面にディスプレイカウンターがあり、3Dソフトでデザインした10人ほどが座れる白いオーガニックなベンチとテーブルが置いてある。天井は奥から流れるようなリボン状の照明で覆われ、音楽と照明を連動させるシステムの導入で、店内のミュージックに連動してウエーブするように光が変化していく。ダイナミックだがフード同様に、いたってソフトな雰囲気が伝わってくる。ネットで検索してみると日本にはまだ進出していないが、中近東、南米のコロンビア、ブラジルでショップ展開しているようだ。

上／フローズンヨーグルトのキャラクターをアニメスタイルで壁面を表現　下／トッピングするメニューもモニターで見られる

家具、照明、フード、ミュージックなどがフュージョンしてフレッシュさあふれる店内

カウンターのトッピングのディスプレイ

SNOG CHELSEA

Address : 155 King's Road, Chelsea, London, SW3 5TX United Kingdom
Phone : 020 7351 7164
Design : Cinimod Studio
Opening date : December 2010
Seating Capacity : 10/15
Area : 18㎡

NOORDERPARKBAR, *netherlands*

アムステルダムの市内からエイトンネルをくぐって車で数分、ちょうど中央駅から北に2kmほどに位置するフローラ公園内にあるカフェバーNOORDERPARKBARは、建築家Peter van Asscheがイニシアチブをとって呼びかけ、デザイナーのOvertreders Wや多くのボランティアの協力を得て、各地の中古ショップから集めたリサイクル資材を使って完成させたもので、多くの関心を集めた。

建物は本来仮設病院として使用されるはずであった3個のモジュールを基本に構成され、バー本体は窓を多く取り付け開放的で、外側にはトイレも設置されている。

エントランスは舞台装置のようで、パフォーマンスの場となり、天井はもう一つのモジュールを積み上げ、吹き抜けとなっている。注目されるのは、黒いファサードや扉を、日本の伝統である"杉焼板"のテクニックを応用し、バーナーで焼き、耐久性を高めている点である。夜間はすべての扉が閉じられ、野外用のイスなども収納でき、盗難よけにもなるナイスアイデアだ。公園近隣の子供たちを含めた住民の憩いとコミュニケーションの場として、今後の活動が期待されるプロジェクトである。

正面から見たファサード全景

79

上／窓が多く開放的なバー　中／窓まわりのディテール　下左／テーブルやイスはセカンドハンドショップで揃えたもの　下右／ポディウム（舞台装置）でのイベントの案内を作成中

NOORDERPARKBAR

Address：Floraparkweg 1 1032 BZ
　Amsterdam Netherlands
Design：Bureau SLA（Peter van Assche）
　+ Overtreders W
Opening date：March 2012
Seating Capacity：6

LES GRANDES TABLES, *france*

ルノー橋から見たエントランス外観

パリ中心部を流れるセーヌ川が、南下して右に大きく蛇行しているブローニャ・ビヤンクール地区にセガン島という、約12haの中洲がある。かつては自動車メーカー、ルノー社の工場があったところで、1989年の閉鎖にともないグランパリの再開発が進み、2010年に2ha分の庭園が市民に公開された。レストランLES GRANDES TABLESはルノー橋を渡った正面に位置し、遠くから見ると2階建ての温室のように見える。コンテナや建設用資材をリサイクルして建てた300㎡の建造物で、タテにしたコンテナ内にエレベーターを設置し2階へアクセスしている。

3年間という期間限定の営業であるため、店内はシンプルにデザインされている。南仏、バスク地方の契約農家から直送される野菜をメーンにした、オーガニックなメニューが人気を得ている。「フランス料理だと肉と野菜の比が7対3というのが定番だが、ここでは逆で3対7ぐらい。季節もので入荷不足の時など、ちょくちょくメニューを変えなければなりません」とコックのGuillaume Ramirezさんは語る。建築家ジャン・ヌーベルのプランで進行しているこのプロジェクトは2017年、トータル4 haのカルチャー庭園として完成される予定だ。

上／客席から外に設置したバルコニーを見る。パーティーやイベントに利用できる　中／採光を抑え横長にバランス良くデザインされた窓　下／ラフに仕上げたバーカウンター

左／コンテナを縦に利用したエレベーター　右／建設用足場とコンテナをタテとヨコに組んだ建物は温室のように見える

LES GRANDES TABLES

Address：Les Jardins de l'île Seguin,
　　　　 92100 Boulogne-Billancourt
　　　　 France（Paris）
Phone：146 107 972
Design：1024 Architecture
Opening date：October 2011
Seating Capacity：120
Area：300㎡

LOS SOPRANO, *spain*

テラス前から見る2階のレストラン席

LOS SOPRANOはバルセロナのターミナル駅、サンツから電車で西に20分ほどで行けるガヴァの市立美術館近くにできたピザ＋タパスのイタリアンレストランである。建築家Pedro Scattarellaがニューヨークの埠頭とコンテナや倉庫群をイメージして設計を手掛け、人気を博したテレビ映画シリーズ「The Sopranos」をスペイン語化してレストラン名にしている。公園に面したテラスから入ると正面に赤いタイル貼りのカウンターがあり、ステップアップした位置に、オープン形式の厨房がある。また店内のコミュニケーションをより良くするため、バーカウンター上は吹き抜けになっていて解放感は抜群。階段とエレベーターでアクセスする2階のフロアは、高さ3mのコンテナや木の梱包ボックスなどを並列。アーティストPinturai Estueを起用して壁面や家具などのほとんどをペイント仕上げし、港街バルセロナの郷愁を感じさせるに十分なビジュアル表現を試みている。

建設資材は簡単に安価に手に入ったが、装飾デコレーションには相当の時間を要したということだ。レストラン棟には大型のスクリーンが設置されていて、サッカーの試合がある時は2000人ほどが飲みながら観戦し、盛り上がりを見せるという。サッカー好きの人ならその熱狂ぶりはすぐに想像できるだろう。

食器棚から奥にあるパーティー用の個室を見る

上／倉庫は木の梱包ボックスで仕上げられている　下／赤いタイルを腰に使用した1階のバーカウンター

バーカウンター上は上下階の雰囲気が分かるように、吹き抜けにしている

左上／古いレンガに再ペイントして仕上げられたソファ席の壁面　左下／にぎやかにペイントされている階段の壁面　右／2階エレベーターの出入り口

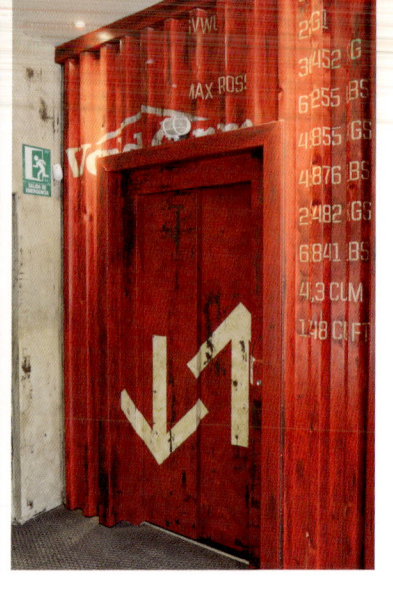

LOS SOPRANO

Address：Salvador Lluch 08850 Gava, Barcelona,Spain
Phone：93 638 92 92
Design：DissenyAdos –Pedro Scattarella
Opening date：June 2011
Seating Capacity：150
Total Area：400㎡

H

【HOTEL】
ホテル

NHOW BERLIN, *germany*

エントランスのナイトシーン

音楽（ミュージック）ホテルと称されるNHOW BERLINは、かつての東西分離の境界線ともなっていたシュプレー川の北側に位置する、304室からなる五つ星ホテルである。近くにはMTVベルリンやユニバーサルミュージックなどがあり、レセプションではエレキギターも無料で借りられ、2カ所のレコーディングルームを備えるなど、ユニークな存在感のあるホテルである。建築家Sergei Tchobanとデザイナー Karim Rashidのコンビによるデザインは、デジポップ時代を先取りするかのような、ファンタジーなアイデアで満たされている。以前は倉庫だった何の変哲もない煉瓦造りのビルが並ぶ中央棟の8階から10階までは、地上31mの地点でカンチレバーとなり、21mだけシュプレー川に向かって突き出し、ホテルの中核をなすフォルムはパワフルで圧巻である。底はクロームのミラー仕上げとなっている。ポップアート的な曲線を描くレセプションがあり、ロビーから続くラウンジバーやレストランは、ピンクやブルー、パープル、グレー、ゴールド、ブラックといったカラフルな家具とフローリングのオンパレードといった感じで、楽しく、リズミカルでわくわくするような空間を披露している。

ピンクの巨大な照明下のラウンジ

上／軽快で楽しく、うきうきするようなロビーラウンジ　下／全体が楽器のようにリズミカルなロビーのソファ席

上／白とグリーンのイスやテーブルでコーディネートされたレストラン　下／ロビーからバー、ビュッフェボード、レストランを見る

ロビーはモダンアートの展示スペースとなっている

左／楽器フォルムのパーティションには31インチのフラットTVがはめ込まれている　右／楽しくなるような、明るいトイレットの水まわり

上／朝食時のリズミカルなビュッフェボード　下／カリム・ラシッドらしい金色のソファと対をなすテーブル

NHOW BERLIN

Address：Strallauer Allee 3 10245 Berlin,Germany
Phone：30 2902990
Design：Karim Rashid（Interior Design）, Sergei Tchoban（Architect）
Opening date：November 2010
Seating Capacity：170（Restaurant）
Rooms：304

SCANDIC VICTORIA TOWER HOTEL, *sweden*

バーの正面、背後にかけられた稲妻の劇的な瞬間を描いた絵が印象的

ストックホルムからアルランダ空港に向かい、高速道路を数分走ると左に見えてくるのが、新しくランドマークとなったScandic Victoria Tower Hotelである。Kista（スウェーデン語でシスタと発音）というスウェーデンのシリコンバレーと称される地区の見本市会場に隣接する高さ118m、299室からなるホテルで、設計と家具インテリア等のコーディネートは注目される建築家Gert Wingardhである。

ビルの外壁は異なる三角形のガラスとメタル枠で構成されるユニークな形状で、トータル7000枚のユニットが使われ威容を放つ。客層は展示会来場者をメーンターゲットとしているため、1階のロビー、バー、レストランは間仕切りなしのオープン設計で（もちろん少人数用のためにパーティションを設けることも可能）、インテリアは50年代デザインのヴィトラ社のコントラクト家具を主にコーディネートされている。34階には階段で結ばれた2フロアのスカイバー・クラウドがあり、自然豊かなストックホルムの郊外の眺望も見どころの一つだ。また299室あるうちの21室を身障者対応スタイルにしてあるのもスカンジナビア的な発想といえよう。

見本市会場に隣接する地上118m、34階のホテル外観

最上階のスカイバー・クラウドのバーカウンターをロビー階段から見る

上／レセプション前から見たバーラウンジとそれに続くバーとレストラン　下／ゆったり寛げるソファが置いてあるロビーラウンジ

上／レストラン奥から見たオープンキッチンとバーカウンター　下／イームズの白いコントラクトテーブルと色とりどりのチェアが彩るダイニングルーム

左／商談用向きのハイバックのソファ席を窓際に置いている　右／スタンダードベッドルーム。どの部屋からも三角形のフォルムから景色が望める　下／いろいろな三角形のフォルム越しに外景が望めるラウンジ

SCANDIC VICTORIA TOWER HOTEL

Address : Arne Beurlings Torg 3 16440 Kista - Stockholm Sweden
Phone : 08 517 333 00
Design : Gert Wingardh Architects
Opening date : September 2011
Seating Capacity : Restaurant 150　Skybar 90

ALOFT LONDON EXCEL, *united kingdom*

上／Wxyzバー　下左／カーブしているコリドーの天井にある、ストライプ模様のカラフルな照明　下右／1〜2階（英国ではグランドと1階フロア）を結ぶエレガントなスパイラル階段

ロビーラウンジではいろいろなタイプのインテリアが楽しめる

スターウッズホテルズ&リゾート社が経営するALOFT LONDON EXCELはオリンピックの柔道やレスリング、フェンシングなどの室内競技の会場となった、エクセル・ロンドン（コンベンションセンター）に隣接し、全252室からなる高級ビジネスホテルである。ドックランズ・ライト・レールウエイのプリンス・リージェント駅と直接アクセスしている利便性もある。凹面にカーブしているホテル棟のファサードには、カラープリントしたセラミックの透明感あるプレートが貼られ、時間帯や天候状況の変化に応じて微妙に色やトーンが変化していく。エントランスホールはダブルハイトで1～2階を結ぶエレガントなスパイラル階段があり、セルフチェックインのカウンターも設置している。レセプション前にはセルフサービス、24時間オープンのカンティーンがあり、カーブしているラウンジが奥のWｘｙｚバーまで延びている。快適そうなテーブル、ソファやクッションなどが置かれ、ゲストのリビングルームのような感覚で利用されている。顧客は見本市や各種イベントの出展、あるいは見学来場者のビジネスマンが多く、一週間くらい滞在する人も多いため、フィットネスセンターやスイミングプールなども併設されている。

ALOFT LONDON EXCEL

Address : One Eastern Gateway, Royal Victoria Dock,
　London E 161FR United Kingdom
Phone : 020 3203 0700
Design : Jestico+Whiles
Opening date : November 2011
Rooms : 152

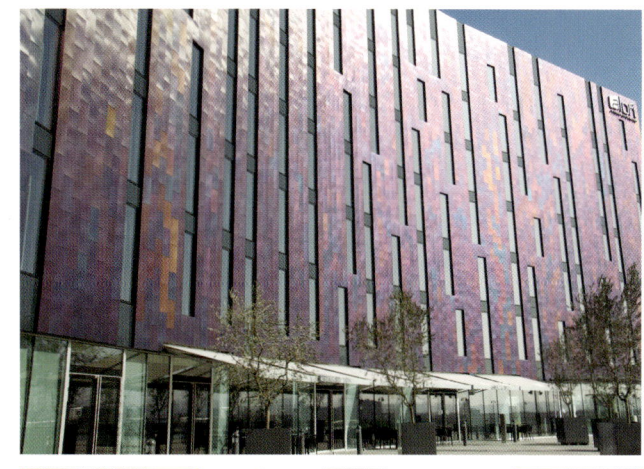

上／ファサードの表情が時間帯、天候の変化で微妙に変化していく　中上／アットホームなラウンジ　中下／ロビーから見るレセプション　下／ベッドルーム

CITIZEN M LONDON, *united kingdom*

左エントランス際にあるコーヒーテーブル。天井は新聞紙の切り抜き

2008年にアムステルダムのスキポール空港に開業して以来、アムステルダム市内にもう1カ所、そしてグラスゴーに続く第四番目となったのが、テートモダン美術館に近いバンクサイドに2012年7月にオープンしたこのCITIZEN M LONDONである。"不必要な経費を削減し、顧客がバジェットプライスで楽しめるホテル"をモットーにしているポリシーと、インターネット時代に即した独自のデザイン性に人気を得ている要因がありそうだ。

木製のゲートが温もりをもって迎えてくれるホテルレセプションにはスタッフがおらず、セルフ・チェックインのターミナルがある。今ではホテル予約はインターネットが一般的になっているが、このMホテルでのチェックインは30秒ほどで簡単に済ませ、客室に入ることができる。1階のロビーにあるリビングルーム、バー、読書スペース、厨房などは視覚を遮られないオープン設計で、自由に奔放に振る舞えそうな雰囲気の良さは格別だ。192室ある部屋のサイズは14㎡とコンパクトだが、カラーライト付きで快適性は申し分ない。アムステルダムを本拠に世界的に活躍するクリエーター集団Concreteのデザインで、すでに20カ所で同ホテルチェーンの建設プロジェクトが進行しているという。

リビング中央

左／バーカウンター背後の読書コーナー　右／30秒で手続き完了というセルフ・チェックイン・ターミナルを備えている

左上／ビニルのウォールペーパーで覆った壁面　右上／カラーライトで好みのムードを選べる　下／アート風の自由な雰囲気がするリビング

CITIZEN M LONDON

Address : 20 Lavington Street London SE1 0NZ United Kingdom
Phone : 203 519 1680
Design : Concrete, Amsterdam
Opening date : July 2012
Area : 5800 ㎡
Rooms : 192

ME BARCELONA, *spain*

団体客などの対応のため、カラフルな間仕切りがある

ホテルの1階にあるレストランDO2

ディアゴナール通り沿いの＠22地区にあるME BARCELONAは、フランスの建築家ドミニック・ペローが手掛けた250室からなる高層ビルホテルである。高さ20mの地点からカンチレバーとなり、2つのボリュームが120m先まで並立している総ガラス張りの建物はユニークな存在だ。フォーラムや国際会議場まで歩ける距離にあるため、団体客も多いという。ロビーには真っ白いカウンターにペンダントランプをモビールにした照明がまばゆいバーがあり、その奥にレストランDO2と続く。Lucio Dominguez作のオリーブの木の彫刻を客席が囲み、グループや宴会席用に対応してスライドするガラス張りのパーティションを2列設置している。ミシュラン星を持つJavier & Sergio Torres兄弟のDOS CIELOSレストランが24階にある。ドアを開けて入ると目の前が広いキッチンになっているのは驚きだ。手前にシェフズテーブルがあり、シンプルなテーブルセッティングしてある客席、最奥にワインクーラーといった配置である。新旧の観光スポットとなっている、トーレ・アグバールやサグラダファミリア教会などのランドマークが、市街地や山々のスカイラインとともに一望できるのも魅力の一つである。

左／バーの照明内蔵テーブル　右／コーリアン製カウンターのロビーバー

ME BARCELONA

Address：Diagonal／Pere IV 272-286
　　　　08005 Barcelona Spain
Phone：93 367 2060
Design：Dominique Perrault
　　　　（Architect）
Opening date：August 2010
Rooms：258

ダイニング中央から厨房を見る

レストランの外にあるバー。地中海が望める

HOTEL AMERICANO, *the united states*

メキシコの建築家Enrique Nortenとフランスの Arnaud Montignyのデザインによる HOTEL AMERICANOが、ギャラリーが多く集まるソーホーのリビエラ地区に2011年夏にオープンした。メキシコを本拠にするGrupo Habita傘下の、インテリアは日本風でシンプルなモノトーンを基調にしたデザインホテルで、宿泊料金は高いようだがアーティストたちからの評判を得て、オープニング以来高い稼働率を保っている。
アップタウンスタジオという部屋を案内された。木製のしっかりしたボックスにマットレスだけを敷いたベッドルームのスタイルは、まさに畳部屋の旅館をイメージしたものだ。リビングは白い壁面に黒いチェアやランプなど、モノクロのインテリアを展開している。アメリカを旅行してみると、ホテルの標準的なバスタブは日本のものと比較して、非常に底が浅いのに気が付くが、ここではヨーロッパサイズの設計になっていたのには驚かされる。
レセプションとロビーラウンジは黒いパーティションで仕切られ、反対側のエントランスにはバーとレストランがある。客席は黒い革張りのソファベンチに白いマーブルのテーブルのセットになっていて、ここでも高さは低い位置に納まり、旅館や居酒屋などで見られる日本の掘りゴタツからの発想だと見てとれる。

白黒のモノトーンを基調にしたレストラン

上／エントランスにあるバー　下／ルーム（アップタウン・スタディオ）のモノクロ基調のリビング

上／旅館のイメージで、木のボックス内にベッドを置いてある　下左／ファサード　下右／モノトーンで落ち着きあるラウンジ

HOTEL AMERICANO

Address：518 West 27th Street New York NY 10001 USA
Phone：212 525 0000
Design：Enrique Norten (Architect) Arnaud Montigny (Interior Design)
Opening date：September 2011
Rooms：56
Seating Capacity：100 (Restaurant)

THE MIRROR, *spain*

バルセロナ市内のコルセガ通りに2011年春にオープンした9階建て、63室からなる四つ星のホテルTHE MIRROR BARCELONAは、これまで数多くのホテルデザインを手掛けてきたGCA Arquitectosの最新作で、60年代に竣工した間口12ｍという狭いオフィスビルを改築、店名が示す通りミラーの特性をインテリア創作に生かしきった傑作である。ファサードに黒鉄メタルを使い、遊び心が感じられるロゴのネオンサインはファッショナブルだ。

エントランス右にあるレセプションは、バーカウンター付きでウエルカムドリンクを兼ねるロビーラウンジとなっている。中央の白いライムストーンでステップアップしたラウンジには、全面ガラス張りのエレベーターがあり、アトリウムになっているため、日中のスカイライトがグランドフロアまで届く快適設計だ。またミラーを随所に配してあるため、上下階の垂直的な関係に加え、フロア間のよりオープンでビジュアルなコミュニケーションをも可能にしている。客室やレストランも家具とフローリングは白を基調にコーディネートされ、ミラーが持つスペースの限界を感じさせない応用効果が十分発揮されている好例だといえよう。

左／バーカウンター付きのレセプションエリア　右／Christoph Mertens作のエンジェルがコーナーで見つめる

黒メタルを使用しファッショナブルにデザインしたホテルのサイン

白い空間に黒のランプが印象的

ベッドルーム

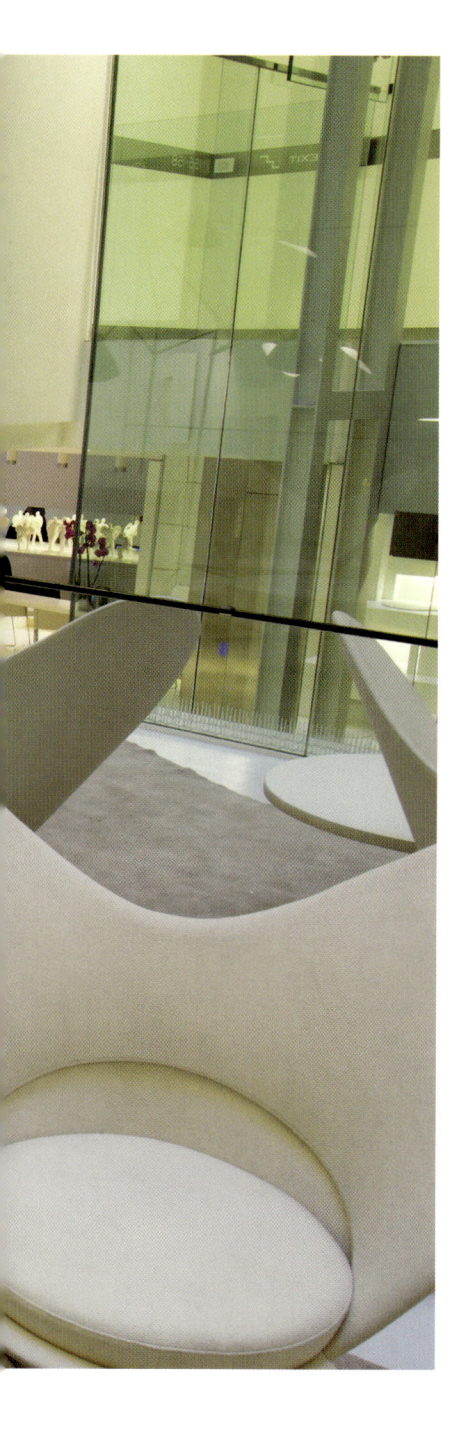

THE MIRROR

Address : Corcega 255 08036
  Barcelona Spain
Phone : 93 202 8686
Design : GCA Arquitectos Asociados
Seating Capacity : 50 (Restaurant)
Rooms : 63

上／白い家具とフローリング、ミラーが交錯するダイニングルーム　中／バックライト付きのワインクーラー　下／レストラン奥にある小池（ポンド）にも自然光が差し込んでいる

W HOTEL LONDON, *united kingdom*

ラウンジにある彫刻的な照明オブジェ

ブロードウェーと対照されるウエストエンド。界隈には劇場や映画館、レストランなどが多く、昼夜を問わずにぎわっている繁華街だ。世界30数カ国で展開するW hotelは著名な建築家やデザイナーを起用したお洒落でスタイリッシュな高級ホテルとして知られているが、レスタースクエア近くにあるこのホテルでは、建築家Jestico＋WhilesとConcreteが手掛けている。Wという由来についてはWhatever-Whenever(お望みの物を・お望みの時に)という経営理念にあるらしい。

お馴染みのLEDライトのロゴサインが迎えてくれる玄関口から、エレベータでのぼった2階のレセプションまでは、計630個のディスコ用のミラーボールを使用したインスタレーションでエスコートされ、黒のグラニットのフローリングも快い。レセプションから奥に白いキャビネットで仕切られたブティックとラウンジ、さらに27mという伝統的な黒革張りのチェスターフィールドソファが置いてあるラウンジバー、真っ赤で刺激的なWyld Barへと続く。ミラー

113

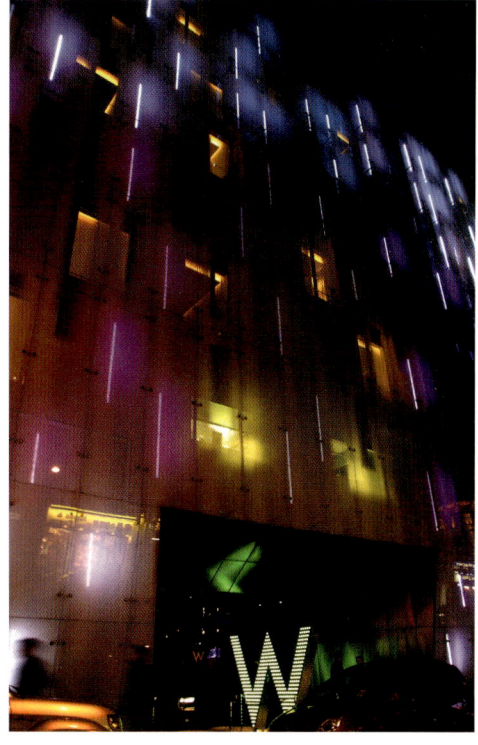

上／ロビーホールにあるディスコボールのインスタレーション　下／WサインのLED照明のあるエントランス

7000ピースを使用した直径3mのミラーボールと5.5mの高さの真っ赤なキャビネットの雰囲気はまさに刺激的で、セレブたちお気に入りの社交スポットとなっている。エントランスにはジョン・ジョルジュのレストランSpice Marketのロンドン店がある。

ダブルハイトのバーカウンターとディスコボール

上／スパイスマーケット・レストラン内部　下／ロビーバーを27mのチェスターフィールドソファが占める

ベッドルーム

上／天井を彩るミラーボール　中／5.5m
あるリカーキャビネット　下／Wyldバー
のアップライト付きのカクテルテーブル

W HOTEL LONDON

Address : 10 Wardour Street
　Leicester Square W1 D6QF
　London United Kingdom
Phone : 20 7290 7231
Design : Concrete Amsterdam,
　Jestico+Whiles (Architects)
Opening date : February 2011
Rooms : 192
Area : 8100 ㎡

E

【ELEMENT】
エレメント

COUNTER DESIGN | カウンターデザイン |

ALOFT LONDON EXCEL／P.97

LOS SOPLANO／P.82

YOOBI-SUSHI／P.72

HET BOSCH／P.38

WATATSUMI／P.67

LA PASTISSERIA／P.74

GENES@CO-OP CAFÉ／P.40

YOJISAN / P.70

ASPERS / P.28

FASTVINIC / P.54

ABRASSAME / P.45

TICKETS / P.25

NANDO'S / P.8

PALMILLA / P.16

CINCO JOTAS / P.4

YO! SUSHI / P.60

LIGHTING FIXTURE | 照明器具

STARBUCKS AMSTERDAM／P.22

ASPERS／P.28

ABRASSAME／P.45

CITIZEN M LONDON／P.100

MASSIMO／P.12

LA PASTISSERIA／P.74

CINCO JOTAS／P.4

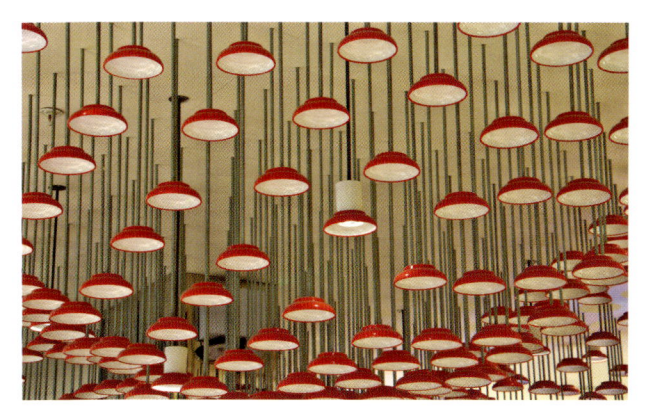

121

YO! SUSHI / P.60

CIEL DE PARIS / P.42

TICKETS / P.25

YOJISAN / P.70

ALOFT LONDON EXCEL / P.97

EL JAPONESE@22 / P.62

NANDO'S / P.8

TABLE SETTING | テーブルセッティング

WATATSUMI／P.67

CIEL DE PARIS／P.42

MANDARIN ORIENTAL BARCELONA／P.36

NHOW BERLIN／P.86

TICKETS／P.25

HET BOSCH／P.38

YO! SUSHI／P.60

CIEL DE PARIS／P.42

ABRASSAME／P.45

PURA BRASA／P.34

CINCO JOTAS／P.4

MASSIMO／P.12

WALL DESIGN | ウォールデザイン |

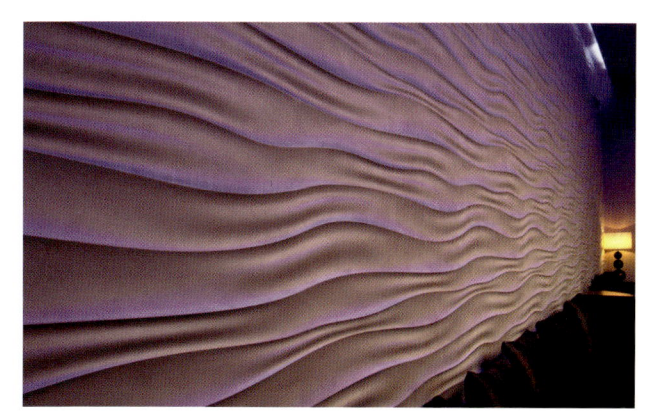

ASPERS／P.28

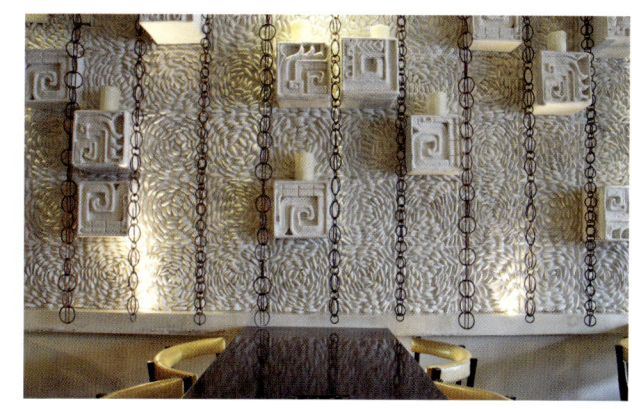

PALMILLA／P.16

MASSIMO／P.12

ABRASSAME／P.45

CINCO JOTAS／P.4

STARBUCKS AMSTERDAM／P.22

AFTER WORD　|　あとがき　|

SCANPAN PRESSを1972年に設立した時に、月刊商店建築で「石油危機以後の北欧家具のデザイン」についてコペンハーゲンからレポートするチャンスを得ました。これを機に本誌とwindならびに数多くのムック本の撮影取材でヨーロッパやアメリカを回り始めて早いもので昨年2012年、40年を迎えました。ある時は南米やオーストラリアの各地を取材、ジャーナルの基本である現場でのホットな印象をスピーディーに読者にお届けすることをライフスタイルとしてきました。創業者の村上末吉先代会長、現社長の村上桂氏、歴代の編集長ならびに都度編集に携わっていただいたスタッフの方々のご支援により、プラン通りに旅することができました。ここに感謝し厚くお礼申しあげます。

本書"WORLD SHOP STYLE.com"は2012年春から夏にかけて、オリンピック前のロンドンやヨーロッパの主要都市、ニューヨークやアメリカ西海岸を回り、レストランやカフェ、ホテルなどの飲食空間を撮り下しまとめたものです。商業空間はその時代の刻印ともいわれますが、低迷する経済事情を反映してか、かつてのような大胆さや華麗さをやや抑えたような空間構成が多かったようです。インターネットの情報がメディアの本流となりつつある今日、現場のリアルな雰囲気が読者の皆様のこれからの創作活動の参考になっていただければ幸いです。

2013年春　ストックホルムにて

武藤聖一（むとう・しょういち）／フォトジャーナリスト、SCANPAN PRESS（スキャンパンプレス）主宰。1944年千葉県印西市生まれ。明治大学政治経済学部卒業後、デンマークに渡り情報収集活動を開始。1972年SCANPAN PRESS（スキャンパンプレス）を設立。フリーランスとしてこれまで四十数年間、主に欧州や米国などを巡り、建築やデザインを取材・撮影し、専門誌などに執筆してきた。2007年2月から日経BP社の建設総合サイト「ケンプラッツ」の連載、「欧州最新建築・撮り歩記」を手掛け今日に至る。75年からスウェーデン在住。「ガレリア」「セレクト」「ワールドスキャナー」「最新ヨーロッパのホテル」など著書多数。
http://www.scanpanpress.com　muto@scanpanpress.com